現代メディア・イベント論

パブリック・ビューイングからゲーム実況まで

飯田　豊
立石祥子［編著］
永井純一
加藤裕康
程　遥
阿部　純

勁草書房

はじめに

飯田　豊・立石祥子

二〇一〇年に開催された「あいちトリエンナーレ」において、現代アーティストの池田亮司は、名古屋城天守閣に隣接する広場に、正弦波を発生する一〇台のスピーカーとともに六四基のサーチライトを設置し、成層圏まで届く青白い光の柱を描いてみせた（写真1）。池田はこれまで、音や光という非物質的現象を数学的な精度でとらえ、デジタル技術を駆使して人間の知覚と身体に働きかける作品を多数発表してきた。このインスタレーションは《spectra》と名付けられ、〇八年以降、世界各地で精力的に展開されている。

この作品の様相、そして《spectra》という名称から、ヒトラーが寵愛した建築家、アルベルト・シュペーア（Speer, A.）の《光の大聖堂（Lichtdom）》を連想することは難しくない。一九三六年のナチス党大会では、シュペーアの演出のもと、一五〇基の対空防御用投光器によって光のスペクタクル

写真１　池田亮司《spectra［nagoya］》と名古屋城（2010年）

提供：あいちトリエンナーレ実行委員会

が繰り広げられ、膨大な人間からなる人文字が描かれた（写真２）。サーチライトはまるで天にそびえ立つ列柱のように見え、会場の中心に立つヒトラーの頭上に光が集まったという。このスペクタクルは、その場に立ち会った観衆をはるかに超える人びとの意識を動員する、マスメディアに媒介された祝祭の可能性を予感させるものだった。シュペーアは後年、「私の最も美しい空間創造であっただけでなく、時代を越えて生き残った唯一の空間創造でもあった」と振り返っている（Speer 1969=2001: 109-110）。

浅田彰は《spectra》に対して、「よく見るときわめて精緻なレーザー光線の糸で織り上げられたもので、ナチス党大会のためのアルベルト・シュペーアの光の列柱などとは比較にならないのだが、単純な論理を究極まで突き詰めたところに出てくるストレートな力が大衆をダイレクトにつかむ、その一種のポピュリズムにおいて、両者に共通する部分があることも認めておかなければならない」と評し、「もちろん、アーティストはそのことをはっきりと意識し、その上で危険なゲームを続ける」と付け加えている（浅田 2012）。

写真2　アルベルト・シュペーア《光の大聖堂(Lichtdom)》(1936年)

出典：https://commons.wikimedia.org/wiki/File:Bundesarchiv_Bild_183-1982-1130-502,_Nürnberg,_Reichsparteitag,_Lichtdom.jpg / CC-BY-SA 3.0

二〇一一年九月一一日、アメリカ同時多発テロから一〇年を迎えたニューヨークでは、世界貿易センタービルの跡地「グラウンド・ゼロ」における追悼式の一環として、倒壊したツインタワービルを象徴する光の柱《Tribute in Light》が立ち上がった。三〇名の電飾技師が八八基のサーチライトを用いたという。また、ドイツでは二〇一四年一一月、ベルリンの壁崩壊から二五周年を記念して、《光の境界(Lichtgrenze)》というインスタレーションがおこなわれた。壁があった場所に置かれた八千個の「光の風船(Lichtballon)」は、最終日には壁の崩壊になぞらえて、市民の手によって空に放たれることになる。東西ドイツの若者たちが「歓喜の歌」を合唱した統一記念式典(一九九〇年)を再現するかのように、ブランデンブルク門前の広場ではこの時、ベートーヴェンの交響曲第九番が演奏された。このプロジェクトにおいて、光のスペクタクルは権力の象徴であると同時に、革命や解放を演出する役割をも果たしていたのである。

シュペーアが先鞭をつけた光の仮設建築は、たしかに時代を越え、それぞれ異なる社会的文脈に位置づけられ、多くの人びとを魅了している。[1] それは恒久的に特定の場所に残り、経年的に催事を創発する伽藍や記念碑などとは、きわめて対照的な性格を帯びる。神社の境内で披露される神楽などの舞台が、祭礼の時にだけ組み立てられるように、仮設性をともなう文化には、その短命さゆえに、いっそう祝祭的な特質が宿る。近年、歴史的建造物でおこなわれるプロジェクション・マッピングからも、似たような性格を読み取ることができよう。

もっとも、こうしたテクノロジーは、かつては大衆の意識を動員する手段になり得たかもしれないが、われわれの生活がデジタルメディアによって多重的に媒介されている現実の中で、それは決して容易なことではない。[2] 同じ場所で祝祭的な経験を共有していながら、われわれの意識はそうした局在性をやすやすと超えてしまう。新しい情報技術が空間性や時間性そのものを根底から変容させていく現代社会において、「メディア」と「イベント」の新しい結びつき方を、われわれはどのようにとらえることができるだろうか。

このような関心を出発点として、われわれは、本書『現代メディア・イベント論——パブリック・ビューイングからゲーム実況まで』を企画した。英語圏で「メディア・イベント（media event）」といえば、ダヤーン（Dayan, D.）とカッツ（Katz, E.）による定義が広く知られている。とくに彼らは、通常のテレビ放送の編成が変更され、特別枠で伝えられる大規模なイベントが、視聴者のあいだに特別な連帯の感情を媒介することに着目した（Dayan and Katz 1992=1996）。二一世紀に入って、インターネットが世界のすみずみまで普及し、国際化がますます進展していくなかで、この意味でのメディア・イベントがいかに変容しているのかを明らかにする研究も少なくない(3)。

それに対して、日本ではこれまで、新聞社や放送局などのマスメディア事業体が主導し、新聞や放送によって媒介されるイベントの歴史分析が精力的におこなわれてきたが、その反面、国際化や情報化にともなう今日的変容を明らかにしようとする機運は低調であった。無理もない。都市に遍在するスクリーンから、手のひらのうえのスマートフォンまで、さまざまな情報メディアに取り囲まれた日常生活が自明性を帯びていくなかで、テレビの生中継に媒介されたメディア・イベントの価値は一貫して低下してきた。本書では複数の執筆者が「経験経済」という概念に言及しているが、テレビの中継《ライヴ》でなにかを共有するのではなく、出来事が起きている現場における生《ライヴ》の集合体験にこそ、大きな価値が見出される時代になっている。

しかしながら、なんらかのイベントに参加するという経験もまた、われわれの日常生活を取り巻くメディアの媒介作用と切り離して考えることはできない。たとえば近年、スクリーンに媒介されたイベント——パブリック・ビューイングやライブ・ビューイングなどの集団視聴、あるいは大規模なオンライン視聴をともなうイベント——が人口に膾炙しているが、これらは言うまでもなく、インターネットやモバイルメディアの普及にともなう、複合的なメディア環境の特性を踏まえた考察が不可欠になる。

そもそも、ソーシャルメディアが普及した現代社会においては、さまざまな規模のオンラインコミユニティが生成と消滅を繰り返し、無数の出来事＝イベントが日々、島宇宙的に媒介されている。そして実空間に目を向けると、「拡張現実の時代」（宇野 2011→2015）、「現実空間の多孔化」（鈴木 2013）、「セカンドオフライン」（富田編 2016）といった概念とともに指摘されてきた、無数の出来事＝イベントが遍在している。

このような現実を視野に入れたうえで、本書に収録している論考が主に注目するのは、あたかも冒頭で取り上げた光のスペクタクルのように、日常生活の時間の流れから相対的に切断された次元に成立するイベントである。それらはいずれも、参加者のあいだに連帯の感情が共有されているかのような、一時的で、仮設的な体験である。多くの場合、国際化や情報化の影響を色濃く反映したトランスナショナルな文化現象でありながら、依然として、マスメディアや文化産業が重要な役割を果たしている。したがって本書は、メディア論や文化社会学の事例研究として読めるだけでなく、マス・コミュニケーション論やマスメディア産業論にも示唆を与えることができるのではないかと考えている。

本書の構成は次のとおりである。

第一章「ネット社会におけるメディア・イベント研究の地平――その仮設性＝エフェメラリティを手がかりに」（飯田豊・立石祥子）では、日本におけるメディア・イベント研究の系譜を跡づけ、その到達点と課題を明らかにする。大衆の意識を動員する手段としてメディア・イベントを捉える歴史研究は豊富だが、たとえ受け手の主体性や能動性のあり方をいかに精緻に読み解いても、権力的作用の度合いに焦点化しているかぎり、結局は動員／抵抗の二項対立に回収されてしまう。本章ではこうした視座の限界を批判的に考察したうえで、受け手の主体性や能動性の度合いを実証的に考察するオーディエンス・エスノグラフィや、文化の仮設性（エフェメラリティ）に関する議論などを補助線として、メディア・イベントという（やや使い古された）概念の射程を再検討する。

第一章の予備的考察を受けて、第二章「パブリック・ビューイング――メディア・イベントの再イベント化」（立石祥子）では、スクリーンに媒介されたメディア・イベント――言い換えれば、メディア・イベントの再イベント化――の代表例である、パブリック・ビューイングの受容経験を分析する。日本とドイツはいずれも、二一世紀に入ってからサッカー・ワールドカップのホスト国を経験し、そのさいにパブリック・ビューイングが普及している。また、いずれも第二次世界大戦の敗戦国として、戦後にナショナル・アイデンティティの表明に対する抵抗感が広く共有されてきたという共通点もあるが、それにもかかわらず、パブリック・ビューイングの受容経験には大きな違いが見られた。本章では、それぞれの参加経験者に対する聞き取り調査から得られた知見を踏まえながら、その今日的様態について考察する。パブリック・ビューイングが、「サッカーファン」という趣味集団の実践として境界づけられるという従来の捉え方に対して、とくに立石が着目しているのは、逆にこの境界を曖昧化させる出来事としても経験されうるという事実である。

このような傾向は、第三章「音楽フェス――インターネットが拡張するライブ体験」（永井純一）で論じられるように、音楽フェスティバルにも通底している。二〇一六年に開催二〇年目を迎えた「フジロックフェスティバル」を筆頭に、「ライジング・サン・ロックフェスティバル」、「サマーソニック」、「ロック・イン・ジャパン・フェスティバル」など、九〇年代末ごろから数日間にわたるロックフェスが相次いで登場した。これら四大フェスに代表される大規模な興行は、地上波テレビ放送、BS・CS放送、FMラジオ放送などと結びついたメディア・イベントでもある。ここでいうメディア・イベントとは、メディア事業体が主催（あるいは共催）する興行であると同時に、マスメディアによって媒介されるイベントという意味合いも兼ね備えている。通常のコンサートやライブとは異なり、フェスの来場者は経験を積むほど、必ずしもステージ上の音楽には執着しなくなり、現在では幅広い世代の人びとが、思い思いに会場の雰囲気を楽しむようになっている。本章では、こうしたフェス特有の現場感覚に加え、その背後でインターネットが果たしている役割に目を向けることで、いわば複合現実的な体験としてフェスが捉えられる。

インターネットに媒介された集団映像視聴に関しても、その規模が大きくなるにつれて、あらかじめ特定の趣味が強固に共有されているとは言いがたくなってくる。そこで第四章「ゲーム実況イベント——ゲームセンターにおける実況の成立を手がかりに」（加藤裕康）では、ビデオゲームのプレイ画面を、解説や雑談を交えて楽しむ「ゲーム実況」に焦点を当てる。ゲーム実況は、ネットの動画文化を代表するコンテンツであり、世界を熱狂させている。動画共有サイトで若年層に馴染みがある著名な実況者は、ゲームイベントで多くの観衆を集める。本章では、従来ゲームセンターなどで実践されてきたゲーム実況のコミュニケーション特性を補助線に、ビデオゲームに媒介されたイベントの構造が問い直される。

第五章「中国の「動漫イベント」におけるオタクの分層構造——日本製アニメのオンライン受容を経て」（程遥）では、グローバル化を果たした日本のオタク文化に関する、同人イベントの存立構造に焦点をあてる。オタク文化の祭典といえば、国内では「コミックマーケット」（コミケ）が広く知られている一方、フランスやアメリカで開催されているJapan Expoなど、海外でも大きな人気を集めている。しかし本章で目を向けるのは、クールジャパン政策に後押しされた欧米の催しではなく、中国のオタク文化（動漫文化）の動向である。中国では二〇〇〇年代、国策として日本製アニメに対する輸入制限や表現規制がおこなわれていた反面、インターネット上では、「字幕組」と呼ばれるファンサブグループが、独自に字幕をつけた作品を膨大に配布していた。日本のコミケが七〇年代から続いているのに対して、中国の動漫文化はまず、ネットに媒介されたコミュニケーションを通じて成熟し、その延長線上において、「動漫祭」や「動漫節」と呼ばれるイベントが隆盛してきたのである。

第六章「ジン（zine）が媒介する場づくりの哲学」（阿部純）は、個人もしくは少人数で自主制作された出版物を意味する「ジン」を取りまく文化の実相に焦点をあてる。ジンの作り手たちが作品の交換や販売をおこない、そのまわりに人びとが集まる。比較的大規模なイベントに目を向けてきた本書のなかで、異色の論考である。しかしながら、ひとつの集まりは小さいながらも、ローカルなコミュニティと根強く結びついているものもあれば、グローバルなネットワークを構築しているイベントも少なくない。マスメディアとしての出版は、つねに送り手と受け手の関係が固定的で、それぞれの立場が乖離しているのに対して、ジンという実践は、互いの距離が（比喩ではなく）きわめて縮まっている。マスメディアというシステムの恒常性を批評する、周縁性と先端性が共存した仮設的な文化に他ならない。

終章「大阪万博以後――メディア・イベントの現代史に向けて」（飯田豊）では、一九六〇〜七〇年代が「メディア」と「イベント」の結びつき方が大きく転換していく時期に当たると考え、その検証をおこなっている。とくに一九七〇年の日本万国博覧会（大阪万博）は、近代日本のメディア・イベントの臨界点である反面、マスメディアとしての映画やテレビとは異なるスクリーン・メディアの実験場でもあった。本章ではこの両義性を補助線としながら、「松下館」と「電気通信館」というふたつのパビリオンの対比を通じて、メディア・イベントという概念の多重性をみていく。本書を執筆している現在（二〇一七年五月）、東京オリンピックの開催を二〇二〇年に控え、二〇二五年に再び大阪に万博を誘致する構想が進行している。現代社会におけるオリンピックや万博などの国家的行事に展望があるとすれば、「メディア」と「イベント」の機制の変容こそが、まずは問われなければならない。

本書の企画は二〇一五年四月、勁草書房の松野菜穂子さんにご提案し、おかげさまで、すぐに刊行に向けて動き始めることができた。それから二年、当初の予定より大幅に進行が遅れてしまったにもかかわらず、松野さんは辛抱強く、本書の完成まで暖かく導いてくださった。本当にありがとうございました。

また、表紙のイラストは、画家の黒岩知里さんが本書のために描き下ろしてくださった。図表の作成にあたっては、大阪成蹊短期大学の長澤直子さんに多大なご協力をいただいた。記して感謝の意を表したい。

注

(1)マクルーハン(McLuhan, M.)が指摘するように、「電気の光のメッセージは工業における電気の力のメッセージに似て、まったく根源的で、浸透的で、拡散的である。電気の光および力はその用途から分離されてもなお、人間の結合において時間と空間という要因を駆逐するところ、ラジオ、電信、電話、テレビがまさしくやっているとおりで、深層での関与を引き起こすからだ」(McLuhan 1964=1987: 9)。

(2)言うまでもなく、《spectra》を間近で見た人びとの多くは、目前に広がる光景を携帯電話やスマートフォンなどで撮影し、その写真や動画はソーシャルメディアを通じて拡散していく。それどころか、リハーサルの光景を目撃者に投稿されてしまう可能性を危惧しなければならない。"Spectra: the dazzling column of light over London" *the guardian*, 5 August 2014. http://www.theguardian.com/artanddesign/2014/aug/05/ryoji-ikeda-spectra-first-world-war-artangel(最終閲覧日:二〇一七年六月六日)

(3)編者のひとりはこれまで、ドイツ現代史を研究対象としてきた。ドイツ語圏における「メディア・イベント(Medienereignis)」研究を概観してみると、その多くは、なにごとかの事件——戦争、犯罪、あるいは宗教改革など——とマスメディアとの関係を扱っているものである。メディア・イベントという概念は九〇年代初頭から、ある事件や出来事をめぐる新聞記事やテレビ番組などの内容分析のなかで使われ続け、とくにネガティブな事件についての事例研究で用いられている。とりわけ、一九九三年に書かれた『メディア・イベントとしての戦争』は、ドイツにおける「メディア・イベント」という言葉の意味を決定づける著書であった。これは、従軍記者としての筆者の体験を踏まえたジャーナリズム論であり、戦争報道と国際情勢を取り扱っている(Löffelholz 1993)。同様に、アメリカ同時多発テロに関する報道分析をおこなった『メディア・イベントとしての戦争』もまた、ジャーナリズム論の範疇でメディア・イベントを論じるものである（Weichert 2006）。Hausberg（2007）は、特別編成のイベント中継をメディア・イベントというならば、予期しない事件もメディア・イベントといえるのではないかと指摘し、ニュースになるイベントの一二類型を提案している。二〇〇〇年代以降もメディア・イベントに関する議論は続き、イラク戦争、人質事件、火災、ホロコースト、中世に起こった国際紛争や内戦、革命、アメリカ独立戦争に至るまで、さまざまな事件・事故の報道が、メディア・イベント研究の範疇に収められてきた。メディア・イベントが「戦争」や「全体主義」と容易に結びつくのは、ドイツに特有の特徴にみえるが、しかし順序は逆なのである。第一章で述べるように、身体運動をともなう文化的集合行為が、人びとが結束する国民的祝祭に結びつき、ひいては全体主義への道筋を描いていくというモッセ（Mosse, G.）の議論は、ダヤーンとカッツに大きな影響を与えている。

参考文献

日本語文献

浅田彰（2012）「池田亮司＠Kyoto/Tokyo」『REALKYOTO』http://realkyoto.jp/blog/池田亮司＠kyototokyo/（最終閲覧日：二〇一七年五月二〇日）

鈴木謙介（2013）『ウェブ社会のゆくえ――〈多孔化〉した現実のなかで』ＮＨＫブックス

富田英典編（2016）『ポスト・モバイル社会――セカンドオフラインの時代へ』世界思想社

宇野常寛（2011→2015）『リトル・ピープルの時代』幻冬舎文庫

英語文献

Dayan, D. and Katz, E.（1992）*Media Events: The Live Broadcasting of History*, Cambridge, Harvard University Press. ＝（1996）浅見克彦訳『メディア・イベント――歴史をつくるメディア・セレモニー』青弓社

McLuhan, M.（1964）*Understanding Media: The Extensions of Man*, New York, McGraw-Hill. ＝（1987）栗原裕・河本仲聖訳『メディア論――人間の拡張の諸相』みすず書房

ドイツ語文献

Hausberg, A.（2007）*Das Medienereignis: Analyse der Sendung Tag X*, München, GRIN Verlag GmbH.

Löffelholz, M.（1993）*Krieg als Medienereignis: Grundlagen und Perspektiven der Krisenkommunikation*, Opladen, Westdeutscher Verlag.

Speer, A.（1969）*Erinnerungen von Albert Speer*, Frankfurt am Main, Berlin, Propyläen Verlag. ＝（2001）品田豊治訳『第三帝国の神殿にて――ナチス軍需相の証言（上）』中公文庫

Weichert, S. A.（2006）*Die Krise als Medienereignis: über den 11. September im deutschen Fernsehen*, Köln, Halem Verlag.

現代メディア・イベント論

——パブリック・ビューイングからゲーム実況まで

／目次

第一章　ネット社会におけるメディア・イベント研究の地平
――その仮設性＝エフェメラリティを手がかりに

飯田　豊・立石　祥子

1　はじめに

(1)　スクリーンに媒介されるイベント

「若者のテレビ離れ」といわれるようになって久しい。若年層の視聴時間が減少傾向にあることに加えて、ネット動画視聴の浸透などにともない、テレビ受像機に対する意識が希薄化しているという面もある。屋外では都市の街頭から電車の車両内まで、いたるところにスクリーンが配備され、映像情報が遍在している。また、スマートフォンやタブレットなどの携帯端末によって、手のひらのうえで映像を扱うことも当たり前になった。こうして端末が複数化するなかで、「視聴者（audience）」という概念も自明性を失いつつある。

たとえば近年、駅前広場や特設会場などで主としてスポーツ中継を観戦する「パブリック・ビュー

図表1－1　サッカーワールドカップのパブリック・ビューイング

提供：読売新聞社　2014年6月15日撮影

イング」が、世界各地で人気を博している（図表1－1）。とくにサッカーワールドカップ（以下、W杯）の場合、各地のスタジアムやスポーツ・カフェで、もともと無料で視聴できるはずのテレビ中継を、有料で集団視聴するという観戦イベントも頻繁に開催されている。リビングにおける家族同士よりも密着して、試合の動向に一喜一憂し、感動を共有する。家庭内視聴では決して味わえない身体感覚は、しばしばテレビ草創期における「街頭テレビ」の熱狂に喩えられる。ただし現在では、テレビ中継が会場の巨大スクリーンで視聴されるのみならず、手のひらのスマートフォンでも同時に情報が収集され、ソーシャルメディアなどを通じて声援や野次が拡散していく。

スクリーンに媒介されたイベントを構成するのは、放送局が中継する番組ばかりではない。音楽や舞台などの公演中継を、映画館やライブハウスのスクリーンで鑑賞する「ライブ・ビューイング」も、ここ数年で市場規模が急速に拡大している。[1] 二〇〇九年一二月に映画『アバター（*Avatar*）』が公開

図表１－２　ニコニコ超会議（2016年）

出典：執筆者撮影

された、映画館のデジタル化が一気に進んだことで、ライブ・ビューイングの拡大をうながすための技術的要件が整った。高品質の映像・音響設備によって、会場の雰囲気が生々しく再現できるようになった。宝塚歌劇団の公演は必ず満席になり、人気アイドルのコンサートも確実に動員が見込めることから、シネマコンプレックスにとって手堅い収益源になっている[2]。コンサートの場合、アーティストは目の前の観客のみならず、遠隔地のスクリーンを介して鑑賞している観客にも呼びかけ、各地の会場を同時に盛り上げる。

二〇一二年から毎年四月、株式会社ドワンゴが幕張メッセで開催している「ニコニコ超会議」のように、大規模なオンライン視聴を前提に始まったイベントもある（図表１－２）。会場に遍在するスクリーン、あるいは手元のＰＣやスマートフォンを介して、ネット視聴者とともにイベントを楽しむ。かたやネット上では、「弾幕」と呼ばれるコメントを通じて視聴者同士が盛り上がることから、その様子もまた「街頭テレビ」に喩えられることが多い。

また、スクリーンを用いないプロジェクション・マッピングも、今のところ技術の希少性が高いことから、しばしば「街頭テレビ」に喩えられる。(3) こうした新しい映像文化は、テレビ受像機が家庭に普及する過程で失われた集団視聴という現象を、擬似的に再生しているという一面がある。

(2) スクリーンに媒介された集団の雑種性、複数性をいかに捉えるか

第二章でくわしく論じるように、日本にパブリック・ビューイングが定着したのは二〇〇二年の日韓共催W杯にまでさかのぼるが、こうした集合的沸騰に対して、批判的な言説も存在する。精神科医の香山リカが当時、路上などで無邪気に国旗を振る日本の若者たちを「ぷちナショナリズム症候群」と評したことは、とくに大きく話題になった（香山 2002）。その一方、ニコニコ超会議に表出する右傾化傾向が海外で厳しく非難されたこともある。(4)

バウマン（Bauman, Z.）は「カーニヴァル型」の共同体を、流体的近代《リキッド・モダニティ》の風景に不可欠な要素と捉える反面、実際には、「ほんとうの」（＝包括的ないし永続的な）共同体の形成を妨害していると批判する。「カーニヴァル型共同体は、社会性を求める衝動の未開発のエネルギーを集約するのではなく、拡散し、そして、まれな集団的協調、協力に、必死に、しかし、空しく救いをもとめる人間の孤独を永久化する」（Bauman 2000=2001: 260）。

しかし本来、こうした批判や指摘の妥当性を検証するためには、複合的なメディア環境のもとで成立するイベントの媒介作用を、的確に捉えていく必要がある。(5)

二〇〇六年のドイツW杯においても、ドイツ国内では大規模なパブリック・ビューイングが開かれ

た。とくに大きな注目を集めたのが、ベルリンの「ファンマイレ（Fanmeile）」――「ファンのための数マイルの道」という意――である。このイベントでは、試合を観戦するためのスクリーンが仮設されているだけでなく、ステージ上では音楽フェスティバルが催され、露店が立ち並ぶ路上では、ダンスや小競り合いが繰り広げられた。国外からの観光客を見込んだFIFAの公式イベントだったが、ふたを開けてみると多くのドイツ人――しかも若者だけでなく高齢者までも――が、国旗を振る光景が見られた。第二次世界大戦後、公的空間で国旗を振るという行為が制馭されてきたのは、日本と同じである。参加者が文字通り、熱狂的なサッカーファンだったとは限らない。さほど試合内容に関心を向けることなく、流行のパーティを楽しむために会場を訪れた人びとも数多く存在していたのである。

このような傾向は、日本で九〇年代後半以降、夏の風物詩として定着した野外ロック・フェスティバルと通底している。第三章でくわしく論じられるように、通常のコンサートやライブとは異なり、フェスの来場者は経験を積むほど、必ずしもステージ上の音楽には執着しなくなり、現在では幅広い世代の人びとが、思い思いに会場の雰囲気を楽しむようになっている(6)。

特定の音楽趣味を共有した集団としてフェスの参加者を分析することが不可能であるように、パブリック・ビューイングの参加者に対しても、それが特定の指向性を持った集団――熱狂的なサッカーファンもしくは感情的な愛国主義者――であることを自明の前提とした分析には限界がある。ネットに媒介された集団視聴に関しても、その規模が大きくなるにつれて、あらかじめ特定の趣味が共有されているとは言いがたくなってくる。言い換えれば、スクリーンに媒介された集団の雑種性や複数性こそを直視しなければならない。

(3) 「メディア・イベント」概念の再構築に向けて

ダヤーン (Dayan, D.) とカッツ (Katz, E.) は一九九二年、マスメディアに媒介された世俗的儀礼の演出と受容に焦点をあてた議論の伝統を踏まえて、『メディア・イベント――歴史をつくるメディア・セレモニー (*Media Events: The Live Broadcasting of History*)』を著した。彼らがとくに注目したのは、通常のテレビ放送の編成が変更され、特別枠で伝えられるイベントである。それは生放送と局外中継の大規模な組み合わせによって、視聴者のあいだに特別な連帯の感情をもたらす「マス・コミュニケーションの特別な祭日」と位置づけられる (Dayan and Katz 1992=1996)。この意味において、オリンピックやW杯などのテレビ中継はこれまで、典型的なメディア・イベントとして捉えられてきた。パブリック・ビューイングはその新しい受容形態として注目を集めているが、考察の余地を多分に残している。テレビ放送の受容に関してはこれまで、あくまでも家庭内視聴が前提とされてきたのに対して、パブリック・ビューイングは、参加者(視聴者)の能動的関与によって、メディア・イベントとしての放送が再イベント化されるという特質があるためである。それに加えて、インターネットやモバイルメディアの普及にともない、テレビの視聴者を取りまく情報メディア環境が多重化しているなかで、メディア・イベントにいかなる質的変容が生じているのだろうか。

メディア・イベントとは従来、マスメディアの社会的機能を示す概念のひとつとして了解されてきたが、「テレビ」や「放送」、「視聴者」といった概念が軒並み自明性を失っている現在、電波を介して〈放送されている／いない〉という差異は、果たしてどこまで重要だろうか。裏を返せば、イベントを媒介する事業主体が〈マスメディアである／ない〉という同定も、次第に困難になっている。二〇二〇年の東京オリンピック・パラリンピック（以下、五輪）を引き合いに出すまでもなく、ネットに媒介されたイベント中継は、今後ますます大規模化していくだろう。[7] そしてその受容体験は、ネット上で日々、日常的に実践されている擬似的な集団視聴と切り離して考えることはできない。すでに述べたように、パブリック・ビューイングに対しても使われる「街頭テレビ」という比喩、そして批判的言説の近接性も看過できない。

ところで、ダヤーンとカッツのメディア・イベント研究が、日常の時間の流れから切断された次元に成立する、全国あるいは全世界の関心が集まるようなイベントに焦点を絞っていたのに対して、日本ではどちらかといえば、新聞社や放送局の事業活動を念頭に、もっと規模の小さな、日常との境界が曖昧なイベントに対して、強い研究関心が向けられてきた。さらにネットの媒介作用まで視野を広げた場合、日本のメディア・イベント研究がこれまで蓄積してきた知見は、今後いかに継承できるだろうか。こうした問題意識にもとづいて、いま一度、その射程を検討するのが本章の目的である。

そこで本章ではまず、メディア・イベント研究の系譜について、日本における展開を中心に跡づける（＝第2節）。結論を先取りすれば、日本のメディア・イベント研究は、歴史分析に厚みがある反面、国際化と情報化にともなう今日的変容を分析する機運は低調であったと言わざるをえない。また、大衆動員の手段としてメディア・イベントを捉える事例研究は枚挙にいとまがなく、逆にそうした権力的作用に対する抵抗の契機を見出そうとする視座も広く共有されている。しかし本章では、この二分法とは異なる尺度から、再考の道筋を検討したい（＝第3節）。また、メディア・イベントが受容される空間を記述する方法論も、これまで十分に精錬されていない。今日のメディア・イベントが受容されるのは、常設された受像機や常時携帯された端末を取りまく日常的な視聴空間とは限らず、仮設のスクリーンに媒介された、より短命でおぼろげな出来事でありうる。こうした「文化の仮設性」について、若干の予備的考察をおこなう（＝第4節）。

2　日本におけるメディア・イベント研究の系譜

吉見俊哉は一九九三年、「メディア・イベント」という概念の重層的意味を、①新聞社や放送局などのマスメディア企業体によって企画され、演出されるイベント、②マスメディアによって大規模に中継され、報道されるイベント、③マスメディアによってイベント化された社会的事件＝出来事、と分節化している（吉見 1993, 1996）。この整理は後続の研究で頻繁に援用され、日本におけるメディア・イベント概念を決定づけた(8)。

それに先立って、吉見は一九九〇年、「大正期におけるメディア・イベントの形成と中産階級のユートピアとしての郊外」と題する論文のなかで、電鉄資本と新聞社資本によって演出された「メディア・イベント」としての博覧会を分析している。「新聞社というマス・メディアと博覧会というマス・イベントの結びつき」（吉見 1990: 146）を明示的に表す概念として、「メディア・イベント」という言葉をいち早く、①の意味で用いていたのである。それに対して、②は言うまでもなく、ダヤーンとカッツの概念を意味する。ブーアスティン（Boorstin, D.）の擬似イベント論やドゥボール（Debord, G.）のスペクタクル論などを踏まえてさらに拡張された③の意味は、一九九五年のオウム真理教事件などを経て、「劇場型社会」といった議論にも継承されていく[9]。ひいてはネット炎上の研究にまで通じる視角ともいえるが、本書では取り扱わない。

もっとも今日では、スポーツのテレビ中継が無条件で「メディア・イベント」と呼ばれることもあれば、何らかのイベントがおこなわれる空間自体を指すという拡大解釈まで散見される。「メディア・ミックス」とほぼ同じ意味合いで用いられることも珍しくない。こうした概念の揺らぎもまた、メディア・イベント研究の課題のひとつといえよう[10]。

こうしたなか日本では九〇年代から、①の意味に重点を置いた実証研究に厚みがあった。それは「新聞事業史研究会」などを母体として、一九九一年に始まった「マス・メディア事業史研究会」（その後、「メディア・イベント史研究会」に改称）の活動（津金澤編 1996; 津金澤・有山編 1998; 津金澤編 2002）に拠るところが大きい。明治以降、新聞社や放送局が主催または共催するスポーツ大会、博覧会や展覧会、音楽会や講演会などの催し物、さらには社会福祉や研究助成などを含む事業活動が、紙面を通じた言論・表現活動と並んで、いかに重要な社会的役割を果たしてきたかということが、今日まで多様な事例研究にもとづいて実証されている。一連の事業活動は日本特有のかたちで展開され、こうした問題関心の萌芽は七〇年代までさかのぼることができるという（津金澤編 1996: iii-v）。このような「日本型」メディア・イベント研究の知見は、メディア研究のみならず、日本の近現代史や美術史、観光学や歴史地理学などにも貢献した[11]。その一方、吉田光邦を中心として八〇年前後に始まった「万国博覧会研究会」（吉田 1985; 吉田編 1986）、その成果を批判的に継承した『博覧会の政治学』（吉見 1992→2010）に連なる博覧会研究の系譜がこれに隣接している。これらは「創られた伝統」（Hobsbawm and Ranger eds 1983=1992）や「柔らかいファシズム」（de Grazia 1981=1989）などの研究動向とも結びつき、①の意味でのメディア・イベントの産業的基盤が戦前期から形成されてきた過程、および戦中期の戦争宣伝事業との関係などについて、今日まで多くの知見が蓄積されてきた。

また、マスメディアとスポーツ・イベントの関係に対する関心も高い。新聞社や放送局はスポーツ・イベントを主催し、みずから報道や中継をおこなう。いわゆる「夏の甲子園」（＝全国高等学校野球選手権大会）の前身にあたる「全国中等学校優勝野球大会」が、大阪の豊中球場で初めて開かれたのは一九一五年。国民の身体を西欧的基準に規格化することを目指し、簡易保険事業の一環として「ラジオ体操」が始まるのは一九二八年のことである。戦前、ラジオによる野球中継の全盛期は一九三一年から三三年までの三年間で、早慶戦を山場とする六大学野球が実況放送の中心だった。正力松太郎が読売新聞社の事業戦略の一環として、ベーブ・ルースやルー・ゲーリックらを擁する大リーグ選手チームを招聘したのを機に、大日本東京野球倶楽部（東京巨人軍）が設立されるのは一九三四年、プロ野球のペナントレースが始まるのは一九三六年のことである。そして戦後、正力による日本テレビ放送網の設立にともなって、日本社会にプロ野球中継が根付いていったことは広く知られている。

もっとも、②や③の視点と通底する先駆的な議論も存在する。たとえば、ジャーナリストの筑紫哲也は一九八〇年、アメリカ大統領選挙に関するテレビ報道を分析するなかで、「メディアがとびついてくれるようなイベントをいかに作り出すかが、選挙運動の眼目になる」として、これを選挙の「メディア・イベント」化と呼んでいる（筑紫 1980: 130）。早川善治郎は一九八八年、プロレスの実況中継、皇太子成婚パレード、東京五輪を経て、安田講堂や浅間山荘の現場中継に至るまで、戦後日本のテレビ報道を「イベント・メディア化」の過程と捉えた（早川 1988）。テレビ普及期と重なった一九五九年の皇太子成婚報道、とくに四月一〇日の成婚パレード中継が、一九五三年のエリザベス女王戴冠式における儀礼の演出と中継の手法を部分的に踏まえているとされ、②の意味でのメディア・イベントの代表例として頻繁に言及される。また、テレビ受像機の普及をうながした一九六四年の東京五輪に関しても、メディア・イベントとしての特性が多角的な視点から考察されてきた。二〇二〇年に再び東京五輪が開催されることが決まって以来、再検証の機運はいっそう高まっている[12]。

そして、一九八八年九月に始まった昭和天皇の病状報道、翌年一月七日の天皇崩御にともなう皇室報道は、まさしくこうした意味でのメディア・イベントにほかならなかった。竹下俊郎は一九八九年、「メディア・イベントとしての天皇報道――大学生調査の結果から」と題する研究報告をおこなっている（竹下 1989）。また、栗原彬を中心とする共同調査研究の一環として、吉見らは天皇の崩御当日から一週間、皇居前広場で記帳者に対する聞き取り調査をおこない、〈天皇の死〉において、テレビが果たした決定的に重要な役割に関心を向けた。天皇を見た、あるいは迎えたという戦争体験世代の記憶が、マスメディアの報道によって反復的に再生されていった反面、若い世代にとっての天皇は「テレビに出ている人」であり、記帳の動機をもっぱら「世紀のイヴェント」への参加として語ったという[13]。また、一九九三年の皇太子婚約報道および成婚報道に関しては、当時から明確にメディア・イベントとしての社会的意味が検討されていた（川上 1994）。

吉見が強調しているように、①〜③の三層は本来、「別々の研究領域として分離してしまうのではなく、互いに密接に結びついた全体的な過程として把握すること」が重要だが、日本において歴史研究に傾斜しているという事実は、「欧米における文化の階級社会的な構成と、日本における文化の大衆社会的な構成の違いが、メディアとイベントの関係に異なる仕方で作用した」帰結と考えられる（吉見 1996: 26-27）。吉見は当時、ダヤーンとカッツの分析を「現時点でのメディア・イベントの形式的特性を素描することに終始しており、それぞれのイベントのリアリティ構成や歴史的形成を明らかにしようとはしていない」と批判し、「こうした経験主義的で非歴史的な研究を超えて、より批判理論的かつ歴史的なメディア・イベント研究に向かっていく必要がある」と述べていた（吉見 1993: 24）。しかし裏を返せば、歴史的な視点にもとづく社会的構成の違いはたしかに重要だが、欧米と比較すると、[14]国際化と情報化にともなうメディア・イベントの今日的変容を同時代的に分析しようとする研究が——二〇〇二年の日韓共催W杯に関する考察[15]を最後に——停滞していることも否定できない。

3　日本におけるメディア・イベント研究の視座

(1)〈動員／抵抗〉という尺度

つまり新聞社や放送局が主導するメディア・イベントが、読者や視聴者に働きかけて大衆動員を実現する手法、あるいはナショナリズムを高揚する手段として採用されたと結論づける事例研究は枚挙にいとまがない。メディア・イベントは、人びとに強烈な共有体験をもたらし、「われわれ」としての集合的記憶を強化するとともに、他者との境界を確認させる作用も繰り返し指摘されてきた。①の意味だけでなく、②や③の意味でのメディア・イベントに関しても、同様の視点から解釈されることが多い。

逆に、こうした権力的作用に対して、受け手による抵抗の契機を積極的に見出そうとする視点もある。たとえば、すでに述べた皇室報道の視聴行動に関しては、読みの多様性に焦点をあてた研究が散見される。吉見は、一九五九年の皇太子成婚イベントについて、髙橋徹らが当時おこなった調査（髙橋ほか 1959）などを手がかりに、その送り手と受け手の両面から検証している。その結果、全国一斉的な報道にもかかわらず、実際の受容のされ方は差異を含んでおり、決して一枚岩ではなかったことを裏づけている（吉見 2002）。また川上善郎は、一九九三年の皇太子結婚報道に関して、大学生を対象とする調査にもとづいて、このメディア・イベントに積極的に関わったのは明らかに女性であり、「奉祝一色」の視聴者と「メディア批判」の醒めた視聴者に二極化していたことを明らかにしている（川上 1994）。

それでも、イギリスのテレビ研究における「能動的な視聴者（active audience）」論などが強調してきたように、受け手の主体性や能動性の度合いを実証的に考察し、メディア・イベントの重層的な構成を明らかにするような議論は、これまでごく一部に限られていたと言わざるをえない[16]。ダヤーンとカッツが著書の冒頭、「私たちは、ダニエル・ブーアスティンよりも、ジオルゲ［原文ママ］・モッセに、より多くの注意を払っている」（Dayan and Katz 1992=1996: 8）と述べていることは看過できない。モッセ（Mosse, G.）によれば、ナチ政権は、ベルサイユ条約下の経済的困窮のみを根拠に出現したのではなく、一九世紀以前からドイツ地域に存在した諸々の文化運動にこそ、その芽があったという。ドイツ体操運動（Turnen）をはじめとして、男子合唱団、射撃協会、モダン・ダンサーたちが大衆運動の担い手となり、国民的記念碑に代表される祝祭空間において、政治的祭祀を実行していったというのである。国家的な儀礼秩序のなかに運動する身体が動員され、大衆の国民化が遂行していく（Mosse 1975=1996）。日本において、モッセに直接言及しているメディア・イベント研究はきわめて少ないにもかかわらず、多くの事例分析が図らずも、その歴史観を反復しているかのようである。

しかし吉見は、モッセの議論がスポーツとナショナリズムの関係を儀礼論的な視角から捉え返していく可能性を示しながらも、あくまで体操運動家や政策決定者の演出の側の分析にとどまっている点を批判している。そうした演出を果たして大衆が完璧に受け止め、国民化され得たのだろうか。儀礼秩序にもとづく国民化の過程を、より重層的で矛盾をはらんだものとして捉えるための視座として、吉見はデ・グラツィア（de Grazia, V.）の「柔らかいファシズム」論を挙げている（吉見 1999）。

このような視座自体は九〇年代以降、日本においても次第に共有されるようになっていく。戦時期の日本思想を対象とする研究領域においては八〇年代まで、文化人が翼賛体制に積極的にのめりこんでいった事実を処断する視点が優勢であった。赤澤史朗や北河賢三らは、こうした視点に立つ研究が、戦時下の文化の「不毛」性を自明の前提としていることを批判したうえで、戦前から戦中の時期が単なる「暗い谷間」の時代だったのではなく、さまざまな領域で文化創造の営みがあり、一定の成熟がみられたことに注目している。日中戦争以降の時代が、あたかも灰色一色で覆われた「暗い谷間」のように見えて、しかし文化創造の「ジャンルや抵抗の形態によっては、「国策協力」のタテマエの下で、ある種の抵抗をおこなうことが可能な時期もあれば、もはやその形態での抵抗は不可能となる時期もあった」（赤澤・北河 1993: 7）。こうした視点を踏まえて、戦時期のイベントと大衆動員との関係に着目する有山輝雄は、国家統制と自主性擁護の対抗軸のみならず、その相乗的増幅という基軸を提示している。

> 上からの国家統制と下からの自主的動向とは、対抗しあうこともあったが、また相乗的にはたらき、互いに相手と自己を増幅していった。人工的出来事であるイベントは、われわれがみたい夢、われわれが実現したい欲望の産物である。戦時期といえども、「欲しがりません勝つまでは」の禁欲主義がすべてをおおったわけではなく、様々な欲望・願望が人々を動かしていたはずである。そうした欲望・願望は、ときに統制と対抗することもあったであろうが、また統制への自主的な協調を促し、結果的に統制を一層強大なものにしていくこともあった。（津金澤・有山編 1998: ix）

それでも、大衆動員という権力的作用を主題化した上で、受け手の主体性や能動性の度合いをいかに精緻に読み解いても、社会統合よりも対立や抗争を強調しても、結局は動員／抵抗という二項対立に回収されてしまうのではないか。果たしてメディア・イベントの社会的機能の豊穣さ、とくに参加者の雑種性や複数性、あるいは流動性を、この一元的な尺度だけで測ることができるだろうか。

「たとえ、政治的セレモニーが社会を自己崇拝へと誘うことに注意せよ、とモッセが警告しているにしても」、ダヤーンとカッツはメディア・イベントに対して、①ポストモダン状況における有機的結束の基盤となる、②社会を映し出す機能を持つ、③統一性だけでなく多元主義を賞揚するといった理由から、「無批判的ではないが、暗に擁護する立場」を示している（Dayan and Katz 1992=1996: 9-10）。この微妙な立ち位置の含意を、われわれはいま一度、注意深く検討する必要があるのではないだろうか。[17] ほかならぬカッツこそ、ラザースフェルド（Lazarsfeld, P.）とともに五〇年代、いわゆる「コミュニケーションの二段階の流れ」仮説を実証するために水平的な相互人格影響に着目し、クーリー（Cooley, C.）の「第一次集団（primary group）」概念を再発見していることにも留意しておきたい（Katz and Lazarsfeld 1955=1965）。

(2) 〈真正さの水準〉という尺度

メディア・イベント研究においては、参加する人びとのアイデンティティ形成の捉え方がしばしば問題になる。この点について、文化人類学における議論を補助線に、若干の考察を加えたい。

レヴィ＝ストロース（Lévi-Strauss, C.）が〈真正さの水準〉と呼ぶ社会様式の区別を踏まえて、文化人類学者の小田亮は、人びとのアイデンティティ形成のあり方は、「真正な社会」／「非真正な社会」という、社会に対する想像の仕方の違いと深く結びついているという。レヴィ＝ストロースによれば、「非真正な社会」においては、国民国家や民族集団、あるいは神の目線といった単一の基準から、人びとが直接的に結びつけられる。固定的なアイデンティティを受け入れたうえで、全体が体系的に想像されるかたちで、他者との社会関係が形成される。人と人との相互作用を抜きにして、全体と個人がいきなり結びつけられるのである。国民国家という「想像の共同体」に顕著に見られる想像の仕方である。これに対して「真正な社会」とは、顔の見える諸個人の具体的なつながりを延長していくことでおぼろげに想像される、明確な境界のない社会様式である。また、全体を通して諸個人が統制されないために、人びとのアイデンティティは均質に形成され得ない（レヴィ・ストロース 1958=1972）。

〈真正さの水準〉は、社会を構成する集団の規模で決まるわけではない。たとえば国民国家のなかの民族集団のように、小規模であっても非真正な社会の想像の仕方は存在する。逆に、人と人との直接的な関係を延長して、ある民族のまとまりが浮かび上がるような、真正な社会の想像の仕方も存在するだろう。小田によれば、

ここで言われている「ほんもの性＝真正性」は、カテゴリーを固定的に捉えた本質主義的な真正性とはまったく異なり、［…］カテゴリーに還元することの不可能な複雑性と単独性を意味している。他方、「まがいもの性＝非真正性」は、その複雑さの縮減、いいかえれば規格化され単純化された一般性（カテゴリー）への還元、比較可能なものへの還元ということを意味している。つまり、本質主義批判のなかで攻撃されている真正性は、むしろこの区分では非真正性に属している。（小田 2009: 274）

小田によれば、人はすべからく、真正な社会と非真正な社会という、異なるあり方をしたふたつの社会を二重に生きている。この「二重社会（dual societies）」という視点にしたがえば、ある集合行為

を、権力によって支配された動員とみなすことも、支配的権力に対する抵抗とみなすことも、結局は非真正であることを前提として社会を想像した結果、生まれる解釈に過ぎない。このような解釈からは、さまざまな人びとが相互作用によってその場を構成し、行動しているという可能性が、あらかじめ抜け落ちてしまう。

真正な社会では、個々の人間や人間関係は複雑で包括的なものとして把握されるが、非真正な社会では、その複雑性が縮減され、イデオロギー的な立場や、民族・階級・ジェンダーといった単純なカテゴリーに還元されるということである。複雑性が縮減されて単純化されて把握されるというのは、それらのカテゴリーを多元的に組み合わせても同じである。[…] そのような社会では、関係も個人も代替可能な役割に単純化されることで把握されている。(小田 2009: 277)

メディア・イベントの解釈もまた、〈動員/抵抗〉論のアプローチにとどまらず、参加者同士の水平性を注視することで、〈真正さの水準〉という尺度を手放さないことが重要であろう。二〇〇六年ドイツW杯のファンマイレでは、フーリガンによる破壊行動などは起こらず、外国人観光客とも友好的な雰囲気が保たれた。ドイツのスポーツ社会学者シュルケ(Schulke, H.)はベンヤミン(Benjamin, W.)を引用し、ファンマイレによって「ファンと遊歩者《フラヌール》がひとつになった」と捉えている(Schulke 2007)。すなわち、スクリーンに媒介された人びとの集合行為を、特定の嗜好性に支えられた趣味集団の実践としてあらかじめ境界づけるのではなく、逆に境界を曖昧化させる出来事として捉え直す余地を残しておきたい。

こうした視座は、いわゆる「集合的アイデンティティ」の概念に通じる。メルッチ（Melucci, A.）が指摘するように、現代の集合行為には、人びとの共通体験によって共有された意識を通じてこそ、その集団を想像する方法が初めて見出されるのである（Melucci 1989=1997）。

4　メディア・イベントの仮設性＝エフェメラリティ

(1) 複合メディア環境におけるメディア・イベント

ここまで述べてきたように、日本では事業史を中心とした歴史研究に厚みがある反面、イベントが遂行される現場を描写する方法論、そしてマスメディアに媒介されたイベントの受容過程に関する追究が乏しい。

イギリスのテレビ研究においては、受像機が置かれた空間を微細に描くために、リビングにおける「オーディエンス・エスノグラフィ（audience ethnography）」が洗練されてきた。それに対して、アメリカのマッカーシー（McCarthy, A.）は、家庭外の公的な場所に設置された受像機を取りまく視聴空間を丹念に記述している（McCarthy 2001）。こうしたエスノグラフィックな調査手法はこれまで、メディア・イベント研究の系譜と充分に接ぎ木されていない。

ただし、光岡寿郎が指摘するように、テレビの「場所固有性（site-specificity）」を描いたマッカーシーは、視聴空間における家庭の優越性を解除し、公的空間を分析の射程に収めることには成功したが、視聴者の身体は結局、受像機の前に置き去りにされたままであった（光岡 2015）。冒頭で述べたように、今日のメディア・イベント研究においても、インターネットの普及にともなう複合的なメディア環境の特性——携帯電話（スマートフォン）やソーシャルメディアに媒介された視聴者の情報行動など——を踏まえた分析が不可欠である。

ファンマイレにおいて、若者たちは肩を組んで歌い、ステージ上のMCにあわせて一緒に踊る。彼らが共に歌い、踊ることができるのも、サッカーファンであるかどうかにかかわらず、連日ラジオから流れる歌を聴き、ネットで振り付けを予習していたからだ。ボイド（boyd, d.）によれば、かつての若者たちがテレビを消費することによって連帯を感じることができたように、現代ではソーシャルメディアによって、集合的な想像の共同体の一部として自己同定されうる。「ネットワーク化されたパブリックは、空間的な意味と想像の共同体の意味、両方の意味においてパブリックである」（boyd 2014=2014: 21）。

伊藤昌亮はかつて、ダヤーンらのメディア・イベント概念がターナー（Turner, V.）の儀礼論に依拠している点と、巨大電子掲示板2ちゃんねるに媒介される利用者のパフォーマンスもまた、ターナーの議論にそくしてその構造と意味を把握できる事例が存在している点を梃子に、ネット文化にメディア・イベント概念を拡張した議論を展開している（伊藤 2006）。だが、ネット文化研究の知見を踏まえた、本格的な理論構築はこれからの課題といえよう。

(2) 文化の仮設性

メディア・イベントが受容されるのは、据え付けられた受像機を取りまく日常的な視聴空間とは限らない。「いつもそこにある」(=都市に常設されたスクリーンの遍在性)あるいは「いつも持っている」(=人びとが携帯する端末の常時接続性)という恒常性に支えられた視聴空間でさえないかもしれない。パブリック・ビューイングのように、仮設のスクリーンに媒介された視聴行動は、オーディエンス・エスノグラフィの手法で捉えることがとくに難しい。

「仮設」という言葉は一般的に、建築デザインの領域で用いられているが、これは「イベント」という概念と無関係ではない。たとえば、大阪万博(終章を参照)で広く知られるようになった「パビリオン(pavilion)」は元来、大型テントなどの仮設建築物を意味する。

仮設の舞台に支えられたイベントには、おのずと祝祭的な非日常性がともなう。建築史家の西和夫は、神社の境内で披露される伝統芸能の舞台が、祭礼の時にだけ組み立てられる仮設物であることに着目し、その理由として祭礼の非日常性をたびたび強調している。たとえば神楽では、演者が現世から離れて一時的に変身を遂げるため、一時的な舞台が必要というのである(西ほか 1997: 152-153)。史料から推測することしかできないが、鎌倉時代の初期にはすでに、現代まで引き継がれる仮設の能舞台が存在していたと考えられるという(西ほか 1997: 114-127)。

また、クロネンバーグ(Kronenburg, R.)は、仮設建築物が「エフェメラル(ephemeral)」であるがゆえに発揮される創造性に着目し、その文化的重要性を歴史的に考察している(Kronenburg 1995=2000)。イベントの舞台となる仮設建築物は、恒久的に特定の場所に残り続けることで、新たなイベントを創発する媒介になる記念碑などとは、きわめて対照的なのである。

仮設建築物に媒介される文化には、その短命さゆえに、いっそう祝祭的な特質が宿る。こうした視座を発展させて、文化人類学者の山口昌男は、バブル崩壊後、制度の安定性や恒常性が急速に後退した文化現象を捉えるうえで、「仮設性」という概念に着目している。

文化とはもともと仮設的・仮構的（エフェメラル）な部分から積み上げられてきたものなのである。恒常的で安定していると思われていたものが行き詰まった時にすべきことは、この文化の仮設的な部分、つまりシステムの外側で辺境性と先端性を両立させてきたエフェメラルな部分にもう一度立ち返ることではないだろうか。（山口 1999: 5）

このように山口は、「仮設性」を「恒常性」と対比させている。これを受けて室井尚は、「人間の作り出すものに永遠に続く恒常的なものなどあろうはずがない。だが、比較的安定したままシステムがしばらく持続するとそれが恒常的で安定したものであるかのように見なされていく」と指摘する（室井 2000: 17）。家庭で聴収されるラジオの延長線上に、国家的にも産業的にも枠づけられた戦後のテレビ放送は、恒常的で安定した（ようにみえる）システムの好例といえよう。

新聞社や放送局による事業活動に焦点を当ててきたメディア・イベント研究は、日本のマスメディアが恒常的なシステムとして社会化していく過程と軌を一にしていたともいえる。たとえば、ＮＨＫは一九六四年の東京五輪にさいして、国立競技場に近い渋谷に放送センターを建設し、それから約一〇年をかけて本部施設として整備していった。また、東京においては九〇年代以降、お台場を皮切りに、六本木、汐留、赤坂において、それぞれ民放キー局の新社屋が入居する巨大複合施設を核とした大規模再開発が進んだ。近森高明が指摘しているように、キー局が主催するイベントは二〇〇〇年代以降、社屋およびその周辺地域で開かれることが定番となり、その街に賑わいを創出することが明確に企図されている。

それはテレビ局同士の競争でもあり、新興の「街」同士、言い換えれば資本と土地というリアルの競争でもあった。

［…］

イベントを訪れる人びとの側も、大量の人が集まるという、端的な事実性に巻き込まれにやってくるのかもしれない。少なくとも、マスメディアの操作にまんまと引っかかっている、というわけではないだろう。［…］どうせ何もないとわかっていながら、それでも何かが起こりそうな気もして、ついだらしなく出かけてしまう。それは、ネットやケータイなどの登場で、影響力が落ちたといわれるテレビを、それでもまだだらしなく視聴し続けてしまうのと、どこか相似形をなす。（近森 2013: 165）

このように恒常化したイベントもあるが、

山口がいう仮設性＝エフェメラリティとは、戦後日本が作り上げて来た疑似─恒常的なシステムの「儚さ」＝エフェメラリティと表裏一体なのである。エフェメラリティとは元々たった一日しか生きられない蜉蝣の命を指した言葉であるし、単なる仮設建築物ならば、むしろTemporal Constructionとかの言葉の方が適しているだろう。つまり、儚くも消え去った過去のシステムを惜しむのではなく、その「儚さ」こそを文化的想像力の源と見る逆転した視点を取ることによって、山口はもう一度文化の中にダイナミズムを取り戻そうとしているのである。（室井 2000: 18-19）

(3)「エフェメラル・メディア」の両義性

ところで、メディア史研究者の土屋礼子は、戦時宣伝ビラをエフェメラ（ephemera）――長期的に使われることなく、保存されずに儚く消えていく一枚刷りの印刷物――と捉え、マスメディアとは異なるその社会的機能に着目している。

従来のマス・コミュニケーション研究は、新聞・ラジオ・テレビなど大規模な産業として確立したメディアを対象に、それらを国家及び大きな社会に対応する基幹メディアとして考えてきた。そしてマス・コミュニケーションが創り出す大衆社会に対して、旧来の地縁・血縁等によるコミュニティや個人が対峙するという関係が見取り図として描かれてきた。しかし、カルチュラル・スタディズが主張してきたように［…］オーディエンスの能動性は、ある程度のリテラシイを獲得していれば、何らかのメディアで発信をしていく方向に発揮される。それは特定の個人の際だった個性によって導かれることもあるが、むしろ集団によって構成されてきたと見られる。すなわち、今日ではインターネットがその強力な手段となっているが、それ以前ではビラやパンフレット、壁新聞、同人誌、会報など、印刷メディアが主な手段であった。（土屋 2008: 4-5）

エフェメラルな印刷メディアの現在性については、第六章でくわしく論じられるが、この対比において強調されているのは、「固定した大規模なメディアではしばしば明白な像を結ばない受け手が、より具体的に現れてくる密着した呼びかけや応答があ」る（土屋 2008: 5）という点である。言うまでもなく、今でこそアーカイヴ化が進んでいる新聞も、かつては日々読み捨てられるエフェメラだったことから、その境界は本質的なものではなく、歴史的に構成されるものにほかならない。

このように、エフェメラルなメディアが媒介する共同性を過小評価できない反面、その儚さによってこそ、「自由」なコミュニケーションに接近できるという見方もできる。たとえば、奥村隆は次のように述べるなかで、喩えとしてエフェメラに言及している。

ジンメルの言う「社交」は［…］関係性（相互作用）そのものを目的にした活動であり、「内容という根から一切開放された活動」です。またルーマンの「接続」という概念は、相互の理解が一致しようがしまいがコミュニケーションはコミュニケーションと接続し得る、だから誤解のうえで続いていくコミュニケーションだってあり得る、いやむしろそれはノーマルなものだという捉え方です。そして、両者とも、「人間」はコミュニケーションの外部にとっておかれる、と考えています。このようにコミュニケーションがコミュニケーションとして接続していったり、近づいたり遠ざかったりすることを「エフェメラ（ephemera）」のように楽しむというコミュニケーションの姿に、ここ数年魅力を感じるようにもなってきたのです。（奥村 2015: 43）

パブリック・ビューイングは、家庭内視聴の恒常性とは対照的に、仮設されたスクリーンに媒介され、ごく限られた時間のみ、その場限りの出来事として受容される。それは常設のスタジアムで試合を観戦できなかったサッカーファンたちが、仕方なく参加するものであるかのように誤解されるかもしれない。しかしすでに述べたように、それは熱心なファンのためだけの催しではなく、逆に趣味集団の境界を曖昧化させる出来事として、より多くの人びとに経験される。くわしくは次章で検討することにしたい。

謝辞

本章は、飯田豊・立石祥子（2015）「複合メディア環境における「メディア・イベント」概念の射程――〈仮設文化〉の人類学に向けて」（『立命館産業社会論集』五一巻一号に所収）を大幅に改訂したものである。

そして本章は、財団法人電気通信普及財団「パブリック・ビューイングの日独比較研究――複合メディア環境における「メディア・イベント」に関する理論構築に向けて」（研究代表者：立石祥子）および科研費（若手研究（B））「メディア・イベント概念の理論的再構築――歴史社会学および比較文化学からのアプローチ」（JP16K17248／研究代表者：飯田豊）の助成を受けた研究成果の一部である。

注

（1）『日経MJ（流通新聞）』二〇一三年一二月一八日号「映画館でコンサート！　ライブビューイング拡大、LVJ、市場けん引、音響良く半額程度、年間動員一〇〇万人目標。」

（2）『季刊カラオケエンターテインメント』九六号、二〇一五年、三三頁。

（3）たとえば、NHKで映像事業の企画開発を担当する森内大輔は、プロジェクション・マッピングについて次のように述べている。「かつて、都市や街のなかでは、大勢の人が集まってひとつの小さな街頭テレビを見ていた時代がありました。技術の希少性が高かったり、野球やプロレスなどは容易にアクセスできないエンターテイメントだったからです。［…］ところが今ではネットワークやさまざまなデバイスの進化によっていつでもどこでも見ることができます。プロジェクションマッピングはその逆で、その時その場所でしか見ることができません。つまり、映像の黎明期に帰っているのです。非日常としてのキャンプファイヤーや花火に近いかもしれません。夜、都市空間のなかで、祝祭的な出来事、ワクワク感、特別な時間を創出するのです」（森内 2015: 20）。

（4）二〇一三年四月に開催された「ニコニコ超会議2」において、自衛隊ブースを訪れた安倍晋三首相が迷彩服を着て、展示されていた最新型「一〇式戦車」の砲手席に立ったことは、国内外で大きく報じられた。たとえばイギリスの *Financial Times* 紙は、「首相は国家主義的な傾向を隠さなかった」ときびしく論評している。http://www.ft.com/intl/cms/s/0/b65cb4aa-afe5-11e2-acf9-00144feabdc0.html（最終閲覧日：二〇一七年六月九日）

（5）古谷（2015）は、二〇〇二年のW杯における躁的雰囲気と、後年にネットで前景化する右傾化傾向には、まったく関係がないと指摘している。

（6）フジロックフェスティバルは九〇年代、無謀な若者たちが暴走する「悪夢のイベント」として、新聞や週刊誌などできびしくバッシングされていた。一九九七年、富士山麓で開催された第一回フジロックは、開催初日に会場区域が台風の直撃に遭い、病人や負傷者が続出したこともあいまって、二日目は中止を余儀なくされる。翌年、お台場に会場を移した第二回フジロックでは、猛暑のなか、熱中症などで気分が悪くなる観客が相次いだことがセンセーショナルに報じられた。こうした惨状を踏まえて、気軽にライブハウスに出かけるのとは異なる気構えと行動様式が要求されることが認識される。来場者には山に対する知識が求められ、フェスを新しいレジャーないしアウトドアとして捉える機運が高まっていった（岡田 2003; 永井 2014）。

（7）二〇一二年のロンドン五輪以降、一部の競技をストリーミング放送によって視聴することが可能になった。西山（2015）が指摘するように、スポーツ中継は現在、リアルタイム視聴が重要性を持つ数少ない事例である。

（8）吉見（1993）は、人類学的儀礼理論とメディア論との接合に強い関心を向けていたが、吉見（1996）ではむしろ、人類学的儀礼理論を現代の文化現象に適用していくことの限界が強調されている。メディア・イベント概念の定義として頻繁に引用される（＝インパクト・ファクターが大きい）のは、圧倒的に後者の論文である。

（9）二〇〇〇年に刊行された『現代のエスプリ』四〇〇号「特集：劇場型社会」などを参照。

（10）メディア・イベント概念の範疇については、巫（2009）が詳細に検討している。

（11）たとえば、河原（2001）は、こうしたメディア・イベント概念を補助線に、日本の美術展覧会システムの形成過程を詳細に考察している。

（12）二〇一五年に刊行された『マス・コミュニケーション研究』八六号「特集：「東京オリンピックの80年史」とメディア――3・11以降の現代を逆照射する」などを参照。

(13)「葬列は、沿道の人びとに向けてよりも、テレビ・カメラに向けて演出されていた。そして一月の皇居前での記帳そのものも、全体がテレビ・カメラに向けて演じられたショーであったと考えられないこともない。われわれが聞き取りをした記帳者たちも、しばしばわれわれを新聞記者のように見なして「告白」ないし「演技」のパフォーマンスを行なっていった［…］〈天皇の死〉にある社会的なかたちを与えていったのは、天皇自身のまなざしでも、記帳者や沿道の観客のまなざしでもなく、最終的には無数の見えないテレビ・カメラのまなざしであったのかもしれない」（吉見・内田・三浦 1992: 56-57）。

(14)代表的な研究として、Couldry, Hepp and Krotz（2009）、Mitu and Poulakidakos（2016）などが挙げられる。

(15)二〇〇三年に刊行された『マス・コミュニケーション研究』六二号「特集：メディアイベントとしてのスポーツ」などを参照。

(16)ファン・中村（2003）は、二〇〇二年W杯に関するマスメディア言説を解明するために、地上波放送の試合中継、関連番組の編成、ワイドショーの分析、および新聞の社説欄と投稿欄の論調の差異を分析しているが、「意味解釈のポリティクス」については、その可能性を指摘するにとどまっている。また、貞包（2006）は、メディア・イベントにおける受け手の「読み」の多様性に着目しているが、サッカー国際試合の中継番組を留学生に集団視聴してもらい、参与観察やインタビューをおこなうという調査手法にとどまっている。すなわち、あくまで人工的な状況下におけるメディア・テクストの解釈が分析されている。

(17)山中速人は、カッツがメディア・イベント研究に取り組んだ背景には、歳をとってからイスラエルに移住するほど、彼が熱心なシオニストであることから、壮大な国家行事などに惹かれる部分があったのではないかと指摘している（山中 2009: 85-86）。山中はメディア・イベントという概念を、強力効果論の復活と捉えている。

参考文献

日本語文献

赤澤史朗・北河賢三編（1993）『文化とファシズム――戦時期日本における文化の光芒』日本経済評論社
近森高明（2013）「イベントとしての「街」」近森高明・工藤保則編『無印都市の社会学――どこにでもある日常空間をフィールドワークする』法律文化社
筑紫哲也（1980）「80年代米大統領への道――メディア・イベントの虚と実」『潮』二五四号
古谷経衡（2015）『ネット右翼の終わり――ヘイトスピーチはなぜ無くならないのか』晶文社
早川善治郎（1988）「テレビ報道の軌跡――イベント・メディアへの転身の経緯を中心に」田野崎昭夫・広瀬英彦・林茂樹編『現代社会とコミュニケーションの理論』勁草書房
ファン・ソンビン、中村綾（2003）「W杯とメディア言説――テレビと新聞はW杯をどのように伝えたか」『立命館産業社会論集』三九巻一号
伊藤昌亮（2006）「オンラインメディアイベントとマスメディア――2ちゃんねる・24時間マラソン監視オフの内容分析から」『社会情報学研究』一〇巻二号
河原啓子（2001）『芸術受容の近代的パラダイム――日本における見る欲望と価値観の形成』美術出版社
川上善郎（1994）「メディア・イベントの視聴構造――「結婚の儀報道」をめぐって」『生活科学研究』一六巻
香山リカ（2002）『ぷちナショナリズム症候群――若者たちのニッポン主義』中公新書ラクレ
貞包みゆき（2006）「メディア・イベントの受け手の「読み」」『リテラシーズ』二号

レヴィ＝ストロース、クロード（1958＝1972）『構造人類学』荒井幾男・生松敬三・川田順造・佐々木明・田島節夫訳、みすず書房
光岡寿郎（2015）「メディア研究における空間論の系譜――移動する視聴者をめぐって」『コミュニケーション科学』四一号
森内大輔（2015）「建築の時間的奥行きを引き出すプロジェクションマッピング」『建築文化』二〇一五年七月号
室井尚（2000）「仮設性と記号論の旅'99――札幌とドレスデン」日本記号学会編『文化の仮設性――建築からマンガまで（記号学研究20）』東海大学出版会
永井純一（2014）「ツーリズムとしての音楽フェス――「みる」から「いる」へ」遠藤英樹・寺岡伸悟・堀野正人編『観光メディア論』ナカニシヤ出版
西和夫・神奈川大学建築史研究室（1997）『祝祭の仮設舞台――神楽と能の組立て劇場』彰国社
西山哲郎（2015）「範例的メディアイベントとしての2020東京オリンピック・パラリンピック大会の行方について」『マス・コミュニケーション研究』八六号
小田亮（2009）「「二重社会」という視点とネオリベラリズム――生存のための日常的実践」『文化人類学』七四巻二号
岡田宏介（2003）「イベントの成立、ポピュラー文化の生産――「（悪）夢のロック・フェスティバル」への動員はいかにして可能か」東谷護編『ポピュラー音楽へのまなざし――売る・読む・楽しむ』勁草書房
奥村隆（2015）「不気味な怪物とハグは可能か」『談』一〇三号
高橋徹ほか（1959）「テレビと〈孤独な群衆〉――皇太子ご結婚報道についての東大・新聞研究所調査報告」『放送と宣伝』一九五九年六月号

竹下俊郎（1989）「メディア・イベントとしての天皇報道——大学生調査の結果から（現代語・現代文化学系研究会4月例会）」『言語文化論集』三〇号
土屋礼子（2008）「エフェメラとしての戦時宣伝ビラ—— FELO 資料の場合」『アジア遊学』一一一号
津金澤聰廣編（1996）『近代日本のメディア・イベント』同文館
津金澤聰廣・有山輝雄編（1998）『戦時期日本のメディア・イベント』世界思想社
津金澤聰廣編（2002）『戦後日本のメディア・イベント—— 1945-1960 年』世界思想社
巫坤達（2009）「メディア・イベント論の再構築」『応用社会学研究』五一号
山口昌男（1999）「序文——文化の仮設性と記号学」日本記号学会編『ナショナリズム／グローバリゼーション（記号学研究19）』東海大学出版会
山中速人（2009）『娘と話す　メディアってなに？』現代企画室
吉田光邦（1985）『改訂版　万国博覧会——技術文明史的に』ＮＨＫブックス
吉田光邦編（1986）『万国博覧会の研究』思文閣出版
吉見俊哉（1990）「大正期におけるメディア・イベントの形成と中産階級のユートピアとしての郊外」『東京大学新聞研究所紀要』四一号
吉見俊哉（1992→2010）『博覧会の政治学——まなざしの近代』講談社学術文庫
吉見俊哉・内田八州成・三浦伸也（1992）「〈天皇の死〉と記帳する人びと」栗原彬・杉山光信・吉見俊哉編『記録・天皇の死』筑摩書房
吉見俊哉（1993）「メディアのなかの祝祭——メディア・イベント研究のために」『情況』一九九三年七月号
吉見俊哉（1996）「メディア・イベント概念の諸相」津金澤聰廣編『近代日本のメディア・イベント』同文館

吉見俊哉（1999）「ナショナリズムとスポーツ」井上俊・亀山佳明編『スポーツ文化を学ぶ人のために』世界思想社
吉見俊哉（2002）「メディア・イベントとしての「御成婚」」津金澤聰廣編『戦後日本のメディア・イベント――1945-1960年』世界思想社

英語文献

Bauman, Z.（2000）*Liquid Modernity*, Cambridge, Polity. =（2001）森田典正訳『リキッド・モダニティ――液状化する社会』大月書店
boyd, d.（2014）*it's complicated: the social lives of networked teens*, New Haven, Yale University Press. =（2014）野中モモ訳『つながりっぱなしの日常を生きる――ソーシャルメディアが若者にもたらしたもの』草思社
Couldry, N., Hepp, A. and Krotz, F.（eds.）（2009）*Media Events in a Global Age*, New York, Routledge.
Dayan, D. and Katz, E.（1992）*Media Events: The Live Broadcasting of History*, Cambridge, Harvard University Press. =（1996）浅見克彦訳『メディア・イベント――歴史をつくるメディア・セレモニー』青弓社
de Grazia, V.（1981）*The Culture of Consent: Mass Organization of Leisure in Fascist Italy*, Cambridge, Cambridge University Press. =（1989）豊下楢彦・高橋進・後房雄・森川貞雄訳『柔らかいファシズム――イタリア・ファシズムと余暇の組織化』有斐閣選書
Hobsbawm, E. and Ranger, T.（eds）（1983）*The Invention of Tradition*, Cambridge, Cambridge University Press. =（1992）前川啓治・梶原景昭ほか訳『創られた伝統』紀伊國屋書店

Katz, E. and Lazarsfeld, P.（1955）*Personal Influence: The Part Played by People in the Flow of Mass Communications*, New York, The Free Press. =（1965）竹内郁郎訳『パーソナル・インフルエンス』培風館

Kronenburg, R.（1995）*Houses in Motion: The Genesis, History and Development of the Portable Building*, New York, St. Martin's Press. =（2000）牧紀男訳『動く家――ポータブル・ビルディングの歴史』鹿島出版会

McCarthy, A.（2001）*Ambient Television: Visual Culture and Public Space*, Durham, Duke University Press.

Melucci, A.（1989）*Nomads of the Present: Social Movements and Individual Needs in Contemporary Society*, Philadelphia, Temple University Press. =（1997）山之内靖・貴堂嘉之・宮崎かすみ訳『現在に生きる遊牧民――新しい公共空間の創出に向けて』岩波書店

Mitu, B. and Poulakidakos, S.（eds.）（2016）*Media Events: A Critical Contemporary Approach*, Basingstoke, Palgrave Macmillan.

Mosse, G.（1975）*The Nationalization of the Masses: Political Symbolism and Mass Movements in Germany, from the Napoleonic Wars Through the Third Reich*, New York, Howard Fertig. =（1996）佐藤卓己・佐藤八寿子訳『大衆の国民化――ナチズムに至る政治シンボルと大衆文化』柏書房

ドイツ語文献

Schulke, H.（2007）“Fan und Flaneur: Public Viewing bei der FIFA-Weltmeisterschaft 2006 –

Organisatorische Erfahrungen, soziologische Begründungen und politische Steuerung bei einem neuen Kulturgut", Jütting, D. H.（Hrsg.）*Die Welt ist wieder heimgekehrt: Studien zur Evaluation der FIFA-WM 2006*, Münster, Waxmann.

第二章　パブリック・ビューイング
――メディア・イベントの再イベント化

立石祥子

1　スクリーンへの熱狂

二〇〇六年の夏、ドイツは黒・赤・金であふれかえった。街ではドイツ国旗のエンブレムがあしらわれた帽子やマフラーを身につけた人びとが陽気に騒ぎ、道を走る自動車のフロントポールには国旗がはためく。家々の窓辺にも国旗が掲げられ、雑誌や新聞には「黒、赤、クール！」の見出しが躍る。「黒、赤、クール！（schwarz-rot-geil）」は、「黒、赤、金（schwarz-rot-gold）」をもじった言葉で、黒、赤、金の三色から成るドイツ国旗が、お洒落で趣味の良いイメージを獲得したことを示す言葉である。ドイツ国旗を公の場で掲げることは、タブーでなくなったどころか、洗練された態度として歓迎された。

サッカーワールドカップ（以下、W杯）ドイツ大会開催にあたって、ドイツ国内ではＦＩＦＡ公認のさまざまなサービスが提供された。これらのうち、スタジアムのチケットを持たないサッカーファンや観光客を想定して設計されたサッカーの試合中継イベントが、サッカーそのものに興味を持たない人びとをも巻き込んだ一大ムーブメントとなったのだ。テレビ受像機やパソコンだけでなく、すでに携帯電話が普及していた当時、いつでもどこでも視聴可能なテレビ番組の中継を、公共空間で見知らぬ大勢と共同視聴する現象として、「パブリック・ビューイング（public viewing）」がドイツ各地で開催されたのである。

南ドイツの学生街フライブルクでは、普段は長閑な緑のあふれる広大なエシュホルツパークに大画面のスクリーンが設置され、ドイツ国旗を身につけた人びとで埋め尽くされた。画面に向かって「（ドイッ）チュラーント！」（「ドイツ」の意）と繰り返し叫ぶ人びとの様子から、W杯期間中、いつしかエシュホルツパークは若者たちから「チュラントパーク」と呼ばれるようになった(1)。当時、フライブルク大学の学生だったある男性は、多くのドイツ人と同様に、ドイツの電気通信事業者「ドイチェ・テレコム」のキャンペーンに応募し、無料でドイツナショナルチームのレプリカユニフォームを手に入れた。朝からユニフォームを着て大学に行くと、ほかにも同様にドイチェ・テレコムのユニフォームを着た学生たちがいて、授業が終わると――時折、教授は「オーケー、今日はドイツの試合があるんだな。今日は休講にしよう」と言ってくれることもあった――みんなでチュラントパークへ向かった。公園では、ユニフォームを身につけた人びとがどこからともなく集まってきていた。彼にとって、国旗を振ってドイツへの愛着を示すこれほど大勢の人を見たのは、生まれて初めてのことだった。

ベルリンでは「ファンマイレ（Fanmeile）」と呼ばれる大規模なパブリック・ビューイングが開催された。ファンマイレとは「ファンのための数マイルの道」を意味しており、ブランデンブルク門から戦勝記念塔にいたる六月一七日通りには、一・八キロにわたって九台ものスクリーンが設置されて、無料で歩行者に開放された。ブランデンブルク門前には特設ステージがつくられ、試合中継の前後には司会者が来場者と一緒に歌い、踊った。ドイツ国旗のモチーフを身につけた人びとが合唱するのは、公式サポーターソング「五四、七四、九〇、二〇〇六」だ。「五四、七四、九〇、二〇〇六」は、旧西ドイツが出場し、優勝を果たした一九五四年、一九七四年、一九九〇年の延長線上に現在を捉え、二〇〇六年も世界チャンピオンになる、と歌うポップソングである。この年は、この歌がテレビやラジオで毎日のように流れていたので、人びとはパブリック・ビューイングの現場で当たり前に声を合わせてドイツのために歌うことができた。公共放送であるドイツ第二テレビは、ここから一駅離れたところにあるポツダム広場のソニーセンターから、人びとの盛り上がりを中継した。大画面を見つめる人びとは、その画面の中に自らの姿が映し出されているのを発見することになった。政治雑誌 *Der Spiegel* には次のような記事も見られた。

これはまったくもって、ドイツが統一されたかのような雰囲気だ。新しいことだ。色々なことが両立しないのではないかというここ数カ月の議論があった。下層の人びとの社会生活への接触が破壊されているという問題があった。移民の人びとに、国民としての席を調整することが困難であるという問題もあった。東ドイツの人びとが、いまだにドイツ連邦共和国に馴染んでいないという問題

もあった。これらのグループが、今やW杯期間中、スタジアムで、そしてスクリーンの前で、ひとつになったのだ。(2)

ドイツにおいてパブリック・ビューイングは、国内を覆っていた気分の変化とともに、現場で得られる一体感の新奇性によって注目を浴びた。この視聴空間にやってきたのは若者が中心であり、無視できない数の女性たちも含まれていた。小さな子どもを連れた家族や、老人、大学の研究者もいた。出身地もさまざまであり、外国人も大勢混じっていた。つまり、週末のスポーツバーで日常的に見られるドイツ国内リーグ「ブンデスリーガ（Bundesliga）」のファン層である、ドイツ人男性ばかりの視聴空間ではなかったのだ。パブリック・ビューイングでは、こうした多様な人びとが、スクリーンに向かって夢中で国旗を振り、そのことが好意的に受け止められたのである（図表2－1、図表2－2）。

こうしたドイツの状況とは対照的に、とりわけ参加者の多くを占める若者に対して徹底的な批判がなされたのが、二〇〇二年の日韓共催大会にさいして全国各地でおこなわれた日本でのパブリック・ビューイングである。

精神科医の香山リカは当時、路上などで無邪気に国旗を振る日本の若者たちを「ぷちナショナリズム症候群」と評した。日本代表チームの青いレプリカユニフォームに身を包み、「ニッポン、ニッポン」と叫ぶ若者たちの姿について、香山は評論家である福田和也の文章から、「文明人の所業ではありません」、「日本人の「土人化」」、「社会全体が暴走している感じ」、「まったく屈託なく、国中が一体となっている」といった言葉を引用し、形容している（香山 2002: 16）。若者へのこうした批判的な

図表２－１　試合中のファンマイレの様子

注：道の両脇に屋台が並び、応援グッズや飲み物を買うことができる
出典：2012年ベルリンにて、筆者撮影

図表２－２　試合終了後のファンマイレの様子

注：ブランデンブルク門前にスクリーンと特設ステージが見える
出典：2012年ベルリンにて、筆者撮影

語りは、日本における二〇〇二年のパブリック・ビューイングに対する典型的な反応のひとつだ。

長澤信夫によると、テレビ受像機の普及以後、日本において見知らぬ他人同士が集団でテレビ観戦をする形態が確立されたのは、日本がW杯に初出場した一九九八年だったという（長澤 2002: 80）。そのため、四年後の日韓大会は、パブリック・ビューイングの市場規模が拡大する機会になるかと思われた。ところが、当時FIFAが放映権の中に二次利用権が含まれているのかを直前まで明らかにしなかったこともあり、日本においては、無数の私設パブリック・ビューイングがFIFAと広告代理店および自治体の黙認のうちに乱立した。こうして広がっていったパブリック・ビューイングは、そもそも無許可の二次利用であることが批判されたほか、まちなかで騒ぐ人びとへの嫌悪感も示され、参加者は「にわかサッカーファン」や「にわか愛国者」と揶揄された。日本においては、ドイツの例とは対照的に、いわば「下からの」パブリック・ビューイングが開催されたともいえるが、その名称と視聴形態は今日まで、ドイツとは異なる意味づけをされながら広く知られるようになっていった。

第二次世界大戦の敗戦国として、ともに国旗国歌問題を抱える日本とドイツの両国において、パブリック・ビューイングは対照的な議論を巻き起こした。両国において、パブリック・ビューイングはどのような経緯で開催され、人びとに体験されたのだろうか。本章では、それぞれの参加経験者に対しておこなった聞き取りの成果を踏まえつつ、日独の事例を行き来しながら、パブリック・ビューイングの現在性を考えていきたい(3)。

2　混乱と批判——二〇〇二年日本におけるパブリック・ビューイングの受容

(1)　放送の二次利用をめぐる混乱と黙認

本章の冒頭で述べたドイツのパブリック・ビューイングの様子は、われわれがよく知っている日本のパブリック・ビューイングとはスケールが異なるうえに、社会的受容の意味合いも違っている。日独でのパブリック・ビューイングの受容状況の違いを確認するために、まずは二〇〇二年の日本の事例を見ていきたい。

二〇〇二年の日韓大会において、日本でおこなわれたパブリック・ビューイングは、混乱の末にさまざまな規模で、いわば草の根的に企画・実行されていた。当時のパブリック・ビューイング開催状況については集計されていないうえに、そのすべてがFIFA組織委員会主催の公式イベントではない。それにもかかわらず、日本全国で爆発的なブームになり、大勢の人びとが参加した。これらすべてのパブリック・ビューイングを把握することは困難であり、全体像は不明のままである。この点で、二〇〇二年の日本におけるパブリック・ビューイングは、二〇〇六年ドイツとはまったく異なる構造で開催されたといえる。二〇〇六年ドイツにおけるパブリック・ビューイングはFIFA組織委員会がイベント開催の主役となったが、日本の場合は、組織委員会がほとんど関与していないことを先に述べておかなければならない。

というのも、二〇〇二年の日本において、そもそもパブリック・ビューイングは、大会開催二カ月前の時点で一〇の自治体でのみ開催されることになっていた。試合の放映権はまず代理店に売却されたあと、世界中のテレビ局に売られたが、そのさいに各テレビ局が得る放映権の中には二次利用の権利が含まれていない恐れがあった。日本ではNHKと民放各局、および有料放送局「スカイパーフェクTV!」が放映権を獲得したものの、FIFAや代理店を通さなければパブリック・ビューイングを開けない状況であった。自治体は映像の無償提供を求めていたが、開催まで七カ月に迫った時点でFIFAからは返答がなかった。この背景には、FIFAが放映権を売却した代理店ISL社が倒産したことで契約日程が大幅に遅れていたという事情もあった[4]。ようやく二〇〇二年三月以降、試合が開催される自治体に限ること、地元での開催試合とその他の日本戦に加えてもう一試合をオプションで開催できること、一開催地あたり七試合を上限とすること、試合中継会場は二カ所までとすること、一カ所につき収容人数は千人までとすること、といった条件がまとまることになった。この結論にいたるまで条件が二転三転したため、テレビ番組を放送するイベントを企画していた企業や学校などは混乱が続くことになった。

ところが、こうした二次利用許可に関する厳しい通達にもかかわらず、実際には日本各地で私設のパブリック・ビューイングが乱立することになる。たとえば駅前広場に有志が巨大スクリーンを設置した例や、商店街の中でパブリック・ビューイングが開催された例、個人が私有地に大画面テレビを設置して私設パブリック・ビューイングをおこなった例もある。多くの中学校、高校でも、独自の「観戦会」が開かれた。

こうした私設のパブリック・ビューイングが乱立した事態について、次のような新聞記事も登場した。

W杯組織委員会などによると、不特定多数の人を集めてW杯映像を流す「パブリック・ビューイング」には許可が必要。ただ、版権を管理する広告代理店は「個人が街頭で上映するプライベートのケースはおそらく全国各地である。すべての把握は不可能。日韓共催のお祭りであり、ビジネスの話をしても仕方ない」と苦笑いしている。(5)

無許可での開催という指摘を恐れ、一度は申請をおこなったものの、開催がとん挫した市町村・団体もあった。ある中学校は、公共施設に大画面テレビを設置する公開イベントを企画したが、W杯日本組織委員会に問い合わせた結果、放映権の解釈があいまいで開催を断念することになった。ある県は、直前になってパブリック・ビューイング会場増設をW杯日本組織委員会に交渉したが、認められなかった。日本での放映権販売を受託している大手広告代理店の電通が、「スカイパーフェクTV!」の映像を使うことを条件にパブリック・ビューイングの開催権を五〇万円で売ろうとしたところ、自治体が自主的に断念するといった事態も起こった。(6)

一方で、許可を取らずにおこなわれるケースについて、日本組織委員会は黙認を通していた。つまり、開催申請をして許可を得るのは難しいが、無認可で開催してしまえば黙認されるという状況があったのである。

二〇〇二年の日韓大会にさいして日本でおこなわれたパブリック・ビューイングのなかで、最もインパクトがあったのは、国立競技場の「パブリック・ビューイング・イン・東京」であろう。このイベントは、電通がＦＩＦＡと交渉を続けた結果、開催権を取得し、全試合のテレビ放映権を持つ「スカイパーフェクＴＶ！」が、映像と音声を競技場内のスクリーンに流すことを実現した。六月四日のベルギー戦には約四万八千人が、このアルコール類禁止のテレビ中継会場に集まることになった。競技場のパブリック・ビューイングを体験した人びとはその熱気を街中にも運んでいく。長澤はその様子を次のように報告している。

試合終了後、国立競技場周辺では、行き交う人々が両手を高く上げ叩き合うハイタッチをして喜びを分かち合い、クラクションを鳴らす車やバイクに向かってニッポンコールが繰り広げられた。路上で偶然出会ったレプリカユニフォームを着ているもの同士は、お互いに『トルシエニッポン！』チャチャーンチャッ　チャンチャン（手拍子）、『ニッポン！』チャチャチャチャ（手拍子）。そのような光景が街のいたるところに出現した。（長澤 2002: 82）

このように日本において、大規模なパブリック・ビューイングはしばしばスタジアムや競技場など閉じられた空間でおこなわれたが、そこでの盛り上がりはスタジアムの外にまで広がった。日本がチュニジアに勝って決勝トーナメントに進出を決めた六月一四日の夜、東京都内では、六本木や渋谷にそれぞれ千人を超える若者が集まり、こぶしを突き上げて飛び跳ねながら応援歌やニッポンコールを叫んだ。こうした盛り上がりは全国各地で見られた。横浜国際競技場前では、パブリック・ビューイング会場への整理券を求めて並ぶ人びとが笛や太鼓の音に合わせてニッポンコールを続け、試合終了後も横浜駅西口広場に青いユニフォームを着た人びとが日の丸の小旗を振り、叫びながら跳ね、夜遅くまで騒ぎ続けた。警察の世話になる若者も複数いた。たとえば全裸になった男性が警察に連行されたほか、横浜国際競技場の警備用の仮設フェンスを乗り越えた若者が現行犯逮捕された。また、パブリック・ビューイング会場の横浜文化体育館付近では、「ニッポン、ニッポン」と叫んで近くのビルから消火器を持ち出し、消火剤をまきちらした男性が器物破損の現行犯で逮捕された。

このほかにも、パブリック・ビューイングに参加した若者たちの逸脱行為は、各地で報道されている。たとえば試合終了後、会場となった体育館前の噴水に若者が飛び込み、大阪では道頓堀川に数百人が飛び込むなどの騒ぎが起きた。別の会場では、整理券を配布する特設テントが大混乱になり、倒れた人が踏みつけられ、摑み合いがおきた。興奮した観客がグラウンドに飛び込んだほか、スタンドで打ち上げ花火が繰り返しあげられた会場もあった。参加者によるこうしたトラブルが起こったことで、中止となるパブリック・ビューイングもあった。

このように、日本におけるパブリック・ビューイングは、特定の主催団体によるまとまりがないまま全国各地で開催された。その開催状況の混乱とともに、熱狂した若者たちの多くの逸脱行為がクローズアップされた結果、以下のような「若者批判」につながっていったのである。

(2)　若者批判の展開と「日韓共催」の強調

二〇〇二年の日本において、パブリック・ビューイングに集まる人びと、とりわけ若者に対しては、否定的な評価がなされてきた。若者たちが青いユニフォームを着て集まり、配られた日の丸国旗を無邪気に振る様子は、日本の知識層にナショナリズム高揚と暴走の予兆を感じさせたようである。

画面に向かって応援を繰り広げ、国旗を振ってはしゃぐ若者たちに対して、香山は「ぷちナショナリズム症候群」という診断名を与え、そうした行為の意味がわからない人びとの理解を助けた（香山 2002）。上野俊哉は、若者の「屈託のない」街頭での応援を香山が提唱した「ぷちナショ」現象として捉えたうえで、集団視聴にやってくる若者を、「現実からの切断と、現実への同調（差異への不安）」という矛盾した立場を抱えながら「苦し紛れ」に「分裂」（化）したのだと指摘した（上野 2003: 12-13）。黒田勇もまた、街中の代表ユニフォーム姿の若者がサッカーファンではなく、また彼らの叫ぶ「ニッポン」に「われわれ」の感覚もないことに触れ、「一時的な仲間との共同性の渦に身を浸す快楽を味わい、それがたまたまW杯であったのかもしれない」と述べている（黒田 2002: 38）。これらの言及は、若者たちが日本国旗を掲げ「ニッポン」コールをする姿を、「仲間との共同性」に集約することで「われわれ」とは異なる存在として切り離し、サッカーへの興味といった明確な目的意識のないイベントへの便乗を、一時的な快楽への投身と捉えていたようだ。

その一方で、黒田は、日本のマスメディアが共同開催国である韓国を「われわれ」のチームとして応援してきたことに言及している。マスメディアが介入するスポーツ・イベントがナショナリズムを惹起する危険性を批判され、政治的議論に巻き込まれる過程を踏まえつつ、黒田は「グローバルなサッカーコミュニティの「われわれ」を信じることも経験できた」と二〇〇二年のパブリック・ビューイングを評価する（黒田 2002: 38）。つまり、実際にW杯に興じて公共の場で騒ぐ若者たちよりも、

「日韓共催」を強調してきたマスメディアの報道を評価しているのである。ところが実際には、当時の日本のマスメディアによる「日韓共催」の強調や、一緒に韓国も応援しよう、といった演出に関する言及が、筆者がおこなってきた参加者への聞き取り調査の中で一切見られなかったことにも触れておかなければならない。

ところで、二〇〇二年の日韓大会において、韓国でも見られたパブリック・ビューイングがマスメディア企業によって生み出されたメディア・イベントであったと結論づけた森津千尋は、韓国でのパブリック・ビューイング現象によって新しいナショナリズムが生まれたことについて言及しながら、「日本の「ぷちナショナリズム」と同じとは言い難い」と述べている（森津 2008: 110）。それでは二〇〇二年の日韓大会にさいし、日本各地で起こったパブリック・ビューイングの熱狂が語られるなかでついてまわる「ぷちナショナリズム」とは、いったいどのように若者を捉えていたのだろうか。そしてそれは、パブリック・ビューイング現象が生み出したとされる韓国の新しいナショナリズムと、いったいどのように異なるのだろうか。ここで改めて、香山の議論について、W杯への言及を中心に見ていこう。

二〇〇二年六月一四日、日本の決勝トーナメント進出を喜ぶ若者たちが東京の繁華街ではしゃぎまわり、大阪では道頓堀川に大勢が飛び込んだりと、若者たちが各地で大騒ぎをするニュースが伝えられたことはすでに述べた。そうした人びとの姿を、香山は「日本代表の青いユニフォームのレプリカに身を包み、飛び跳ねながら「ニッポン、ニッポン！」と叫び続ける、半ばトランス状態の若者」と表現している（香山 2002: 16）。香山は、自身が愛国主義者であるという自覚をともなわない愛国的な行動として、当時の若者たちの熱狂を批判する。

さらに、スタジアムで配られた日の丸国旗がどのような団体によって配られたかも気にせず、喜んで受け取り、それを振る若者たちについて、次のように述べている。

> 「日の丸」が配られているなら、とにかくほしい。手にすれば、振ってみる。そうしたい、と決心して自分の意志で選択したというよりは、条件反射にも近いプロセスだ。そしてその由来や意味については、まったく無関心。この肩透かしのような反応は、いったいどういうことなのだろう？[…]あれば手にする。歌っていれば聴く。理由は？ と尋ねれば、「私はニッポン人だから」としか答えられない。積極的な愛国主義者でもないが、「ニッポン、好き」とためらいなく答える彼らも、また〝ぷちなしょな人たち〟なのだ。（香山 2002: 27-28）

「「日本代表チームが好き」と「日本という国が好き」の境界もあいまいなまま、ぷちナショナリズムになだれ込んでいく日本の若者」たちの言動は、「「気づいたらそうなっていた」という現代ニッポン的な屈託も重みもない愛国主義」だというのである（香山 2002: 38-39）。

こうした日本の若者への評価に対し、「自覚した上での愛国」の例として、香山は「赤い悪魔（レッドデビル）」と呼ばれた二〇〇二年日韓大会のさいの韓国人サポーターたちを挙げている（香山 2002: 40-43）。日本の若者たちが「大人たち」から非難の目で見られている頃、韓国の若者たちはどのように捉えられていたのだろうか。韓国においてパブリック・ビューイングの中心的な会場となったのは、ソウル市庁舎前である。スクリーンの前で赤いユニフォームと韓国の国旗モチーフを身につけて応援を繰り広げた若者たちは、放送終了後にはデモ行進のように大勢で街を練り歩いた。このソウル市庁舎前の広場は一九八七年の民主化運動の聖地であり、そこで国旗を振る若者たちは、民主化運動の歴史と重ね合わされたために、好ましい姿として評価されたようである。

たとえば森津は、二〇〇二年の韓国で、応援のためにパブリック・ビューイングに集まった人びとが、韓国チームを象徴するお揃いの赤いユニフォームを着て、「レッドデビル」として一体となることでナショナル・アイデンティティを作り出していく過程を詳細に観察している。かつて民主化運動が展開されたソウル市庁前が会場であったという国家アイデンティティが意識される空間が用意されていたこと、しかし常に韓国のアイデンティティの主要素であった日本との比較はパブリック・ビューイングでの集まりを繰り返すなかで次第に薄れ、「レッドデビル」現象自体がアイデンティティの中枢となっていったことを指摘する（森津 2008）。また、黄順姫は、フェイスペイントやマントに国旗モチーフを取り入れた「レッドデビル」世代によって、W杯後に韓国では若い世代に対する評価が上昇し、「誇らしい若者」が登場したと指摘している（黄 2003）。

二〇〇二年に日本各地でおこなわれたパブリック・ビューイングをめぐっては、愛国主義者でもサッカーファンでもない若者たちの騒ぎが、暗に「真の愛国」や公共空間でのあるべき秩序との対比によって否定的に語られてきた。これは、マスメディアにおいてイベント自体の「日韓共催」の側面が強調され、これが肯定的に位置づけられていく動きと表裏一体であった。

奇妙なことに、日本で聞き取りをおこなったさいに、筆者に対して、自らが本当のサッカーファンではないことを謝ったり、当時「にわかファン」であったことについて自己批判する参加経験者がいた。当然、ドイツで聞き取りをする過程でも、「私はサッカーのファンではなくW杯のファンだ」と明言う人や、「サッカーに興味がないどころか、スポーツ中継そのものを観ないし関心がない」と明言する人はいたが、サッカーファンであるということは、パブリック・ビューイングの参加資格としてとくに意識されていないようだった。日本において、パブリック・ビューイングに参加する人びとが、「本当のファン」や「本当の愛国者」ではないといったことが批判として機能すること自体が、日本の参加経験者が漏らした自己批判と関係しているのかもしれない。こうした日本の参加者たちからは、全体性への回収というよりもむしろ親密化へ向かうことで日常生活に埋め込まれたネットワークを強化する、マナーの重視や自己批判といった「内輪化」が起こっていたとも考えられる（立石 2014）。

3　戸惑いと賞賛――二〇〇六年ドイツにおけるパブリック・ビューイングの受容

⑴　入念な計画とイベントの成功

他方、二〇〇六年のドイツW杯では、大会期間中にスタジアムを訪れたのが三一〇万人であるのに対し、一二の開催都市でおこなわれたパブリック・ビューイングには一八〇〇万人、開催都市以外のドイツ国内三〇〇の都市でおこなわれたパブリック・ビューイングには一〇〇〇万人が訪れ、ドイツ国内のパブリック・ビューイング参加者は計約二八〇〇万人にものぼったという（Schulke 2012: 160）。このようにドイツ全土で開催されたパブリック・ビューイングは、ＦＩＦＡ公認で企画されたファンのためのイベント「ファン・フェスト（Fan Fest）」のなかでも最も画期的な巨大イベントとなった[7]。結果として大規模な参加者の動員に成功したドイツのパブリック・ビューイングは、その盛り上がりが注目され、まずはマーケティングの分野で評価されることになった。ここでは、当時ハンブルクのスポーツ長官で、ドイツにおけるパブリック・ビューイング構想の発案者のひとりであるシュルケ（Schulke, H.）の記録を参照しながら、その成功が主催団体の功績とみなされていく過程について確認していきたい（Schulke 2007: 56-60）。

ドイツにおける巨大なパブリック・ビューイングの構想は、日韓共催のW杯が終わった二〇〇二年秋からすでに始まっていた。作業チームは、組織委員会の事務総長が同席の上で初めてパブリック・ビューイングについて話し合いをおこない、その重要性について言及した。同年一一月には、シュルケによって、開催都市におけるパブリック・ビューイングの素案が提出された。パブリック・ビューイング開催について、最初に手を挙げたのはドルトムント市である。これを皮切りとして、二〇〇三年春には、各開催都市は具体的な検討と、ＦＩＦＡおよび放映権を持つテレビ局との交渉も始めていた。

調整の結果、二〇〇三年一一月には、すべての市民が無料でこのイベントに参加できることが決まった。この決定により、のちに数千万の人びとが無料で事前予約もなしに、気軽に六四試合を公共の場で楽しむことができることになった。二〇〇四年七月末には公式の「パブリック・ビューイング協会」がハンブルクに設置された。同年一一月のスポーツ閣僚会議で、W杯ドイツ大会開催にさいしたパブリック・ビューイングの重要性が強調されるまでになった。

二〇〇五年八月にはいよいよ、会場の柵設置や安全対策、入場コントロール、監視カメラの設置などが決定された。同月には連邦政府にパブリック・ビューイングおよびファン・フェストに関する経過報告書が提出された。二〇〇六年春にはFIFAのスポンサー企業とともにパブリック・ビューイングを含むファン・フェストに関するキック・オフ・ミーティングがおこなわれ、とりわけ安全対策の内容が練り上げられた。そして「ここはスタジアムのようだ」という標語も決定した。

このように、パブリック・ビューイングは、コンテンツ提供者としての放送局、公共空間を提供する各都市の市当局、そしてマーケティングをおこなうFIFAと組織委員会の三者の協力によって、金のかかる大規模なイベントとなっていた。

その結果、パブリック・ビューイングは大規模な動員を達成し、二〇〇六年六月二七日にはベルリンで開催されたプレス会議にて、その驚くべき成功が報告されたのである。パブリック・ビューイングのインパクトは、多くの場合、可視化された「国旗」や「群集」、あるいは参加人数や経済的利益といった調査結果を手掛かりに、動員の成功を評価する立場から語られていった。たとえばハルトマン（Hartmann, R.）は、ドイツ各地で開催されたパブリック・ビューイングをツーリズムの成功例として位置づけている（Hartmann 2009）。W杯ドイツ大会が大成功した要因のひとつとしてファンマイレを挙げ、その経済効果を語る研究もある（Preuß, Kurscheidt und Schütte 2009）。また、大会の成功を、ホスト国であるドイツのコンセプト「FIFA W杯2006に向けたドイツ組織委員会との共同作業による、連邦政府の芸術・文化プログラム」、「サービスキャンペーンおよび友好キャンペーン」、「ドイツ――理想の国」の成果だとする声もある（Von Büdingen 2007）。さらに、イベントのマネジメントを通じて参加者のあいだに感情的な雰囲気がつくられたことで、大会期間を通じた「ドイツイメージ」の変化が生じたと論じる向きもある（Von Stetten 2009）。こうした議論のとおり、確かにパブリック・ビューイングで見られたのは、ドイツ国旗の海であった。パブリック・ビューイングを含めたファン・フェストの作業チームが、四年間もかけて大々的なイベントを準備してきたのは事実である。これは、日本において、私設パブリック・ビューイングの違法性や参加者の若者がスクリーンに向かって国旗を振る様子が批判されたのと対照的な結果だといえるだろう。

このようにドイツにおいて、サッカーファンのためのイベントとして開催されたパブリック・ビューイングが主催団体の狙い通りに成功したとみなす研究に対し、参加者たちの参加動機や振る舞いの解釈を、サッカー以外の要因に見出す議論も始まっている。たとえば、参加者が身につけていた国旗のマークといった国家的シンボルは、政治的なものではなく、交流のためのアイテムであると指摘されている。ドイツ国旗を身につけることが必ずしも政治的に保守であるという意思表示を意味しないのと同様に、サッカーの試合中継を観るために公共空間に繰り出すことは、必ずしも彼らがサッカーファンであることを意味しない（Harney und Jütting 2007）。第一章でも述べたように、シュルケは、ファンマイレにおいて、懸念されていた政治的便乗者の出現やフーリガンによる破壊行動などが起こらず、外国人観光客や試合に負けたチームのサポーターとも友好的な雰囲気を保つことができた原因を考察し、ベンヤミンを引用しながらそれをファンと遊歩者（Flaneur）の融合として捉えた（Schulke 2007）。ファンではない人びとが参加していたことから、朗らかで落ち着いたムードであったことを説明しようとしたのである。

パブリック・ビューイングはしばしばスポーツ・マーケティングやファン研究の領域のなかで議論されるが、そこで想定されている「参加者＝サッカーファン」という図式は、必ずしもすべてに当てはまるわけではない。

しかし、ドイツ国旗がファッションアイテムとしてのみ一時的に流通し、それ以上の社会的意味を持たなかったとも考えにくい。筆者が聞き取りをおこなうなかで何人かのドイツ人参加者が遠慮がちに述べたように、ドイツ国旗はそれまで、道路や広場といった公共の場において身につけることはもちろん、自宅の庭に外から見えるように掲げることさえ、できる状況ではなかった。そうした行為は差別主義者のレッテルを貼られる危険性を含んでいた。これが、二〇〇六年を機に、大きく変化していったのである。

(2) 国旗を手にした人びと

二〇〇六年は、それまでドイツ国旗と距離のあった人びとも、それを手にした年であった。ドイツの左派政党である民主社会党（ＰＤＳ）のボンク（Bonk, J.）は、ドイツ全土に溢れだした国旗に嫌悪感をあらわにしつつも、いまやＰＤＳのオフィスにもドイツ国旗が三本飾られていることを明らかにした。(8)

ジャーナリストのトゥーマ（Tuma, T.）は、九歳の娘が二〇〇六年に国旗を欲しがったことに驚き、ナチズムの問題や、東独時代の劣悪な環境といったドイツが抱える過去とその暗いイメージに思いを馳せる。その時の父子の会話を、トゥーマは次のように記録している。

父：なんのために旗が必要なの？
子：ん、別に。今みんな持っているし。
父：もしみんなが窓から飛び降りたら、君も後を追って飛び降りるわけ？
子：違うよ。旗がひとつ欲しいだけだよ。
父：それで、どの国の旗が欲しいの？
子：ドイツだよ、もちろん。
父：僕たちがドイツ国旗を手に入れなきゃいけない合理的な理由を説明できる？
子：かっこよく見えるから。それに私たち、ここに住んでるんだから。（Tuma 2006: 144）

このやり取りからは、屈託無くドイツ国旗を欲しがる子どもに対し、国旗のイメージをドイツの過去に結び付けてしまう大人の戸惑いが見受けられる。

ある男性は、シュトゥットガルトで学生生活を送っていた二〇〇六年当時に感じたことを、子ども時代を振り返りながらくわしく話してくれた。彼はギムナジウムの生徒だった頃からしばしば、ドイツが不健全でおかしな歴史認識にとらわれていることを友人たちと議論した。

私たちは戦争も、戦後の経済危機も、冷戦も、分裂時代も経験していない、問題のない世代だ。それでもこの国では、ドイツに誇りを持つことは正しくないとされているんだよ。戦争犯罪がいまだに持ち出される。ドイツは実際に、世界のなかでそれほど良い評判があるわけではない。でも二〇〇六年に、ドイツ人はホスピタリティや親しみやすさ、ユーモアを外国に示すことができた。私はそのことに誇りを持っている。[9]

彼は「問題のない世代」が、ドイツ国旗を振ってはいけないという暗黙の了解に従わざるをえず、ドイツに誇りを持つことをことさら批判されることに、長年の不満を抱えていた。こうした発言は、筆者が聞き取りを続けるなかで、多くのドイツの若者から聞かれた。ヨーロッパの学生たちと話しているさいに他国の学生のように自分の出身国を素直に名乗れないこと、ドイツへの誇りを示せば「ネオナチ」と言われてしまうこと。シュトゥットガルトで学生生活を送る彼はアメリカに留学経験があり、巨大なアメリカの国旗を持っていたが、ドイツ国旗は持っていなかった。アメリカ国旗なら振ることができるが、ドイツ国旗で同じことをするのは彼にとって不可能だった。彼は「(二〇〇六年に…筆者注) ついにドイツ国旗を手に入れた」と語る。

W杯をホスト国の住民として体験し、パブリック・ビューイングを通じて「わたしはドイツ人である」という思いを強くしたとしても、その思いはドイツという国家にのみ向かうわけではない。ドイツ国旗を振る人びとは、過去への無反省や反省の放棄というよりはむしろ、それまで強烈に意識されてきたからこそ公共空間から排除されていたドイツイメージを、旧来ほどの意味がないものとして表出できた。そのことにこそ意味があったのだと分析することもできる。すなわち、ドイツにおけるパブリック・ビューイングは、鮮明な共有体験とともに、子どものころから教育されてきた「ナショナリズムを表出してはいけない」という規範意識からの解放をもたらしたのである。

(3)「まるでほかの国のように」

強烈に意識されてきたからこそ公共空間から排除されてきたドイツ国家のシンボルは、ドイツの人びとのみの盛り上がりのなかで、旧来の意味から解放されていったわけではない。その達成のためには、「外国人」からの眼差しが不可欠であった。政治雑誌 *Der Spiegel* は、「ドイツ・パーティ」という見出しのもとで「ドイツ夏物語」という特集を組み、W杯期間中にスタジアムのなかだけでなく路上でドイツの人びとによる熱狂が見られたことを次のように伝えた[10]。

まるでほかの国のように
何十万ものスタジアムの人びと、路上のテレビの前でサッカーを祝う何百万もの人びと——地中海風の上機嫌、そしてのびのびと世界に開けた愛国精神。この雰囲気は、祭りが過ぎ去っても維持されているだろうか？[11]

こうした見出しで始まった特集では、街中にドイツ国旗のモチーフが溢れ、ドイツの人びとが公共の場で陽気に過ごす様子が驚きをもって語られている。同時に、そのようなドイツは、まるでどこか別の国のようだというのである。

実際に、パブリック・ビューイングを楽しんだのはドイツ国民だけではなく、多くの外国人も含まれていた。フランクフルトのパブリック・ビューイングには、イングランドの試合のために一〇万人のイギリス人が訪れた（Zwanziger 2007: 20）。ドイツ鉄道のキャンペーンによって、W杯期間中は安価な鉄道チケットが販売され、人びとは試合開催地から別の開催地へと安く移動できるようになっていた。こうしたいくつかの企業キャンペーンは、国内だけでなく国外からの観光客を呼び込んでいたと考えられる。

たとえば、一二カ国三七紙におよぶ外国新聞記事に対する調査によれば、二〇〇六年のW杯を経て、ドイツへの否定的な形容詞が減り、肯定的な形容詞が増えていることが報告されている。以前には、ドイツに対する否定的な表現のなかには、「外国人排斥の／戦争の」といった、ナチスドイツを思い起こさせるいくつかの形容詞が含まれていた。これが、大会後には「ヨーロッパの／ホスピタリティのある／友好的な／オープンな」といった、それまでには考えられなかった肯定的な表現が出現している。分析対象の紙面では「国内の雰囲気について、道路や広場での国旗を持った若者の現代的熱狂が報じられていた」といい（Jütting, Schönert und Reckels 2007: 127）、これらの変化がパブリック・ビューイングにおける人びとの熱狂とも関連していると考えられる。

このように、二〇〇六年を契機としたドイツを覆う気分の変化は、諸外国におけるドイツイメージの変化とも結びついていて、マスメディアもこのことに注目した。これは、「外国」を持ち出すことで、ドイツ国旗が連想させる過去の反省をカモフラージュさせようということなのだろうか。

たとえば、ドイツの週刊誌 *FOCUS* は、「ドイツの素晴らしさ」という特集を組み、パブリック・ビューイングの会場がドイツ国旗の三色で埋まっている写真だけでなく、たびたび、ドイツ以外のナショナルチームのユニフォームを着た「外国人」たちひとりひとりの姿を掲載している。また、「あなたの二〇〇六年W杯」という特集には、「外国人」を中心にW杯を路上で楽しむ人びとの写真がスクラップブック式に掲載されている。さらにウェブサイトにアクセスすれば、彼らがW杯を楽しむ写真や動画が閲覧できるとも記載されている。[12] つまり、ドイツの国旗は確かに振られたが、それは他国と同じようになされたにすぎず、ドイツの盛り上がりもそのうちのひとつであったというわけである。

そもそも、「外国人」と上手くつきあうことができたというのも、ドイツの人びとにとって驚きのひとつであったと言えるかもしれない。

（ベルリンの壁が崩壊した：引用者注）一九八九年一一月九日以降、このような巨大なパーティは一切無かった。当時、ドイツ人は内輪で祝ったが、今ではドイツ人同士だけでなく、世界の人びととともに祝うのだ。[13]

これらの記事からは、ドイツの人びとがそれまで、国を挙げた巨大行事をおこなうことが過去の反省と周辺国家への配慮から避けられており、統一記念式典ですら、ベルリン市内の小ぢんまりとしたイベントにならざるを得なかったことが思い起こされる。国家的イベントにおいては、「世界の人びととともに」祝うことではじめて、肯定的なドイツイメージを外国人に持ってもらえたとドイツの人びとが認識できる。言い換えれば、外国人観光客の持つドイツイメージが変化したと主張することを通じて、すなわち他者からの承認を得たと認識できたときにはじめて、ドイツの人びと自身も新たなドイツイメージを持つことができたのである。

さて、ここまで見てきたように、二〇〇二年の日本における若者批判は、外国を引き合いに出しながらパブリック・ビューイングやその参加者の雰囲気を肯定する二〇〇六年ドイツの状況とは明らかに異なっている。敗戦国であり戦後ナショナリティの表明がしにくかった両国において、対極ともいってよい論調でそれぞれの出来事が語られたのである。

4 「他者とは異なるわたし」の形成

ここまで見てきたように、テレビ番組を二次利用したイベントとして、二〇〇〇年代以降に世界各地で見られるようになったパブリック・ビューイングは、二〇〇二年の日本、二〇〇六年のドイツにおいて、それぞれ異なる受け止められ方がなされていった。すなわち、ドイツではまず、主催団体の巧みなマーケティングによる成功が讃えられた反面、日本では無邪気に国旗を振る若者への批判が目立った。このように評価が分かれたのは、日本においてのみ、戦争中に今の国旗が振られたネガティヴな歴史と重ね合わされたためだろうか。

たしかに、国旗を振りニッポンコールをする日本の若者たちの集団は、考えなしのうちにいつの間にか国粋主義へと引き込まれていく愚かな大衆に見えたかもしれない。しかしそのような評価はあまりにも、目に見えるものだけを直視しすぎているように思われる。参加した人びとは、愛国主義と直接結びつけられる匿名の大衆ではない。

こうした集合行為を、人びとの意識が一点に集約されるイベントとみなすことも、その一点に抵抗する余地のあるイベントとみなすことも、同じ構造を別の角度から捉えているに過ぎない。結局のところ、パブリック・ビューイングをめぐって、無邪気な若者を批判する視線も、マーケティングの成功したトップダウン型のイベントと評価する視線も、等しく意識が一点に集約される人びとの姿を想定した社会のありようを前提としているのだ。

他方で、日独それぞれにおいてパブリック・ビューイングの参加者の経験に注目してみると、方向性が異なるふたつの可能性が立ちあらわれてきた。ドイツの例からは、「外国」からの視線を介することによって、それまで公共空間から排除されてきたドイツ国旗イメージからの解放が指摘できる。このようなプロセスには、人びとが似たような恰好をして集まり、画面に向かって国旗を振ることで、「われわれ意識」ともいえる集合的アイデンティティを確認すると同時に、自己アイデンティティの認識が関係してくると筆者は考えている。日本の例からは、「外国」からの視線がないからこそ日本的なものの更新もなく、結果として日常的規範への回帰も見られる（立石 2014）。

パブリック・ビューイングのような集合行為を理解するためには、ある社会運動があらかじめ特定の性格を持っているかのように捉え、その運動が起こる理由を経済的利益や参加者の嗜好にのみ求めるようなやり方を手放さなければならない。たとえひとつの集合行為が、ある特定の性格や性質を帯びることがあったとしても、それは一時的なものであり、それはまったく別のなにかにシフトする可能性すら持つ。

いわゆるメディア・イベント研究においては、「この集合行為に参加しているわれわれ」という意識が問題にされやすい。W杯中継番組のパブリック・ビューイングを語るさいに、メディア・イベントという概念を引き合いに出すことで、この用語が背負ってきたイデオロギー、すなわちマスメディアの作り出す映像を通じた集合的アイデンティティ形成という側面を論じる研究者は多い。たとえばサイブルスカ（Cybulska, M.）は、パブリック・ビューイングを語る上でメディア・イベントの概念を持ち出し、従来指摘されてきた通りのスポーツとメディアとの密接な関係を改めて強調してみせた（Cybulska 2007）。森津もまた、パブリック・ビューイングを通じた人びとの熱狂をメディア・イベントと呼ぶことで、この現象の役割を説明しようとした（森津 2008）。しかし、単にパブリック・ビューイングをメディア・イベントのひとつの例であったと片づけることは、その受容経験の解明に必ずしも結びつかない。

注意しなければならないのは、参加者が「歴史的な出来事を体験するわたし」という視座を獲得しているのと同時に、そのなかで「他者とは異なるわたし」を語ることである。彼らはパブリック・ビューイング体験で遭遇した他者との関係のなかで、「他者とは異なるわたし」をさまざまに言及する。あるドイツの参加者は、長らく声楽を習っていた経験から、応援歌の歌いだしをいつも担当できたことを誇りに思っていたし、別のドイツ人参加者は得意の英語を使って連日会場で外国人と語り合い、自国のイメージをより良く更新できたと感じていた。見知らぬ人とハイタッチできただけで、あるいは自分が口火を切ったニッポンコールに周囲の人たちがついてきてくれたことで、いつもとは違う特別な自分を発見する日本人参加者もいた。

こうした自己認識のあり方は、自分以外の人びととの相互行為のなかから生まれてくるもので、自己アイデンティティの確認といってよいだろう。大規模なマスメディアのイベントのなかで、「わたしは他の人とは違う人間である」という、個々の人間にとって当然の、しかしマスメディアが主導するイベントを解釈するさいに見過ごされがちな特徴点が浮上するのである。

5　日常化する祝祭

さて、ここまで日本とドイツを例に、パブリック・ビューイングの受容経験について考えてきた。二〇〇二年に日本で見られた若者批判と、二〇〇六年にドイツで見られた賞賛は、対照的なようでいて、実際にはいずれも、意識が一点に集約される参加者像を前提にしている。本章では、それよりもむしろ、人びとがパブリック・ビューイングの現場で、他者との関係のなかではっと我にかえる瞬間、その集合行為の意味が一点に集約されるのではなく、多元性につながることに注目してきた。その意味で、パブリック・ビューイングは、一見すると同質的に見える集団が、人ごみのなかでそれぞれに「わたしは他の人とは違う」と感じることで、個々の自分を発見していく場でもあった。一時的な集合行為だが、そのことによって、このイベントは非日常的なマス・コミュニケーションとして特徴づけられる。

しかし、パブリック・ビューイングの非日常性があっという間に減退した近年では、状況が大きく変わりつつある。たとえば、パブリック・ビューイングは最近、まちおこし――つまり、地域における人と人とのつながりづくり――などにも、日常的に活用されるようになってきた。それどころか、イベント会社が「婚活」に利用する動きも見られるようになった。初対面の男女が集められ、試合を一緒に観ることで、感情の共有や「自然なハグ」で異性との距離を縮めようというものだ。人生をともに歩んでいく結婚相手を探すためにパブリック・ビューイングが使われるということは、異質な他者のなかに混じって自分自身を発見していく機能は後退し、むしろ日常生活との境界が曖昧になることを意味している。パブリック・ビューイングの現場で見知らぬ人びととの自然なハグが起こるのは、それが日常的な人間関係につながらないからだともいえる。つまり、その後のつきあいを考えて見知らぬ人びとが集まれば、そこでは本章で考察したものとはまったく違うコミュニケーションが見られることだろう。そのようにして、パブリック・ビューイングは、他者との差異から自己を発見する非日常から、退屈な日常と化していくのかもしれない。

謝辞

本章は、財団法人電気通信普及財団「パブリック・ビューイングの日独比較研究——複合メディア環境における「メディア・イベント」に関する理論構築に向けて」（研究代表者：立石祥子）の助成を受けた研究成果の一部である。

注

(1)ドイツ語で「ドイッチュラント（Deutschland）」は、「ドイツという国」を意味している。「チュラント（Schland）」が強調されるのは大声で叫ぶように発声した結果であるため、勢いのある語感だと分かる。二〇〇六年のW杯会期中には「Schland」と書かれたTシャツなどのグッズも若者たちのあいだで流行した。

(2) *Der Spiegel*, 25/2006: 72.

(3) 筆者はこれまで、二〇〇二年と二〇〇六年、それぞれ日本とドイツにおいてパブリック・ビューイングに参加した経験を持つ、日本国籍とドイツ国籍を持つ者に対して個別面接をおこなってきた。参加者は母集団の特定が容易でないことから、標本抽出は妥当性を重視したサンプリングを採用している。聞き取りは、日独においてそれぞれ現地語（日本語／ドイツ語）でおこない、インタビューガイドを用いながらも個人の語りの自由度を重視し、想定範囲外の回答を採り込むことができる半構造化面接として実施した。その上で、データの個別性を重視しつつ一般化を試みる「グラウンデッド・セオリー・アプローチ」を分析に用いている。筆者の分析の特徴は、分析プロセスを図に落とし込み、可視化しながら理論構築を目指すデザイン工学やユーザビリティ研究で用いられている手法をオーディエンス分析に活用する点である。詳細については、西尾（2014）を参照のこと。

(4)『朝日新聞』二〇〇一年一一月七日号（朝刊）、二八面。

(5)『中日新聞』二〇〇二年六月五日号（朝刊）、二三面。

(6)『毎日新聞』二〇〇二年六月二日号（群馬版）、二五面。

(7)「ファン・フェスト」とは「ファンのための祝祭」を意味しており、ここにはパブリック・ビューイングの開催のほかに、「ファン・キャンプ」の開催、「ファン大使館」のサービス、ウェブサイトの設置などが含まれている。パブリック・ビューイングが公式ファン・フェストの目玉であったことは間違いないが、そのほかにもさまざまな催しがドイツ国内でおこなわれた。たとえば「ファン・キャンプ」は、W杯期間中、国内のキャンプ地を大型の格安宿泊施設として世界中からの訪問者に開放したプロジェクトである。ここにはスタッフが配備され、数人が合い部屋になる仮設の簡易宿泊施設が大量に作られた。一〇代後半から二〇代後半の若者向けキャンプ地として、年齢制限が設けられるキャンプもあった。これらのファン・キャンプでは、宿泊以外にも大型スクリーンで試合を鑑賞できるなど、実質的に第二のパブリック・ビューイングの場として機能していた。また、「ファン大使館」は、試合がおこなわれる一二都市に設置されたW杯に関連したファンプロジェクトのコーディネート機関である。具体的には、チケット情報の提供やホテル案内、警察への協力要請、関連イベント情報提供などがその役目である。

（8）*FOCUS*, 27/2006: 52.

（9）インタビューは二〇一一年一一月九日、ドイツ連邦共和国のブラウンシュバイク市でおこなった。

（10）『ドイツ夏物語（*Deutschland. Ein Sommermärchen*）』は、二〇〇六年のドイツナショナルチームを追ったドキュメンタリー映画である。タイトルは、ドイツの詩人ハイネ（Heine, C.）の『ドイツ冬物語（*Deutschland. Ein Wintermärchen*）』に由来している。

（11）*Der Spiegel*, 25/2006: 68.

（12）*FOCUS*, 26/2006: 104-105.

（13）*Der Spiegel*, 25/2006: 69.

参考文献

日本語文献

香山リカ（2002）『ぷちナショナリズム症候群――若者たちのニッポン主義』中公新書

黒田勇（2002）「日本人が経験した「われわれ」と「彼ら」」『AURA』一五四号

森津千尋（2008）『メディアスポーツイベントとナショナルアイデンティティ――2002年ワールドカップ「街頭応援」を事例に』同志社大学博士論文

長澤信夫（2002）「デジタル世代のコミュニケーション文化を展示する――2002年サッカーワールド

カップのパブリックビューイングをめぐる考察 日本編：〈街頭テレビ〉が復活したワールドカップ」『展示学』三四号

西尾祥子（2014）『パブリック・ビューイング体験の日独比較分析——メディア・イベント論の再構築を目指して』名古屋大学博士論文

立石祥子（2014）「日本型パブリック・ビューイング文化の成立——2002年サッカーW杯におけるオーディエンス経験から」『情報文化学会誌』二一巻二号

上野俊哉（2003）「ワールドカップと都市の文化／政治」黄順姫編『W杯サッカーの熱狂と遺産——2002年日韓ワールドカップを巡って』世界思想社

黄順姫（2003）「国旗ファッションを巡る集合的記憶の再構築」黄順姫編『W杯サッカーの熱狂と遺産——2002年日韓ワールドカップを巡って』世界思想社

ドイツ語文献

Cybulska, M. F.（2007）*Public Viewing - Das mediale Ereignis im öffentlichen Raum*, Marburg, Tectum Verlag.

Harney, K. und Jütting, D. H.（2007）"Massenhaftes Zuschauen, FIFA-WM und Projekt Klinsmann: Beobachtungen zur FIFA-Weltmeisterschaft 2006", Jütting, D. H.（Hrsg.）*Die Welt ist wieder heimgekehrt: Studien zur Evaluation der FIFA-WM 2006*, Münster / New York / München / Berlin, Waxmann Verlag.

Hartmann, R.（2009）"Touristische Profilierung und Markenentwickling der zwölf Austragungsorte im Umfeld der FIFA Fussball-WM 2006™", Bogusch, S., Spellerberg, A., Topp, H. H. und West, C.

(Hrsg.) *Organisation und Folgewirkung von Großveranstaltungen, Interdisziplinäre Studien zur FIFA Fussball-WM 2006™*, Wiesbaden, VS Verlag für Sozialwissenschaften.

Jütting, D. H., Schönert, D. und Reckels, F. (2007) "Die FIFA-WM 2006 und Gästebilder: Eine Analyse", Jütting, D. H. (Hrsg.) *Die Welt ist wieder heimgekehrt: Studien zur Evaluation der FIFA-WM 2006*, Münster / New York / München / Berlin, Waxmann Verlag.

Preuß, H., Kurscheidt, M. und Schütte, M. (2009) "Konsummuster der Besucher von sportlichen Mega-Events. Zuschauerbefragungen zur FIFA Fussball-Weltmeisterschaft 2006™", Bogusch, S., Spellerberg, A., Topp, H. H. und West, C. (Hrsg.) *Organisation und Folgewirkung von Großveranstaltungen, Interdisziplinäre Studien zur FIFA Fussball-WM 2006™*, Wiesbaden, VS Verlag für Sozialwissenschaften.

Schulke, H. J. (2007) "Fan und Flaneur: Public Viewing bei der FIFA-Weltmeisterschaft 2006 – Organisatorische Erfahrungen, soziologische Begründungen und politische Steuerung bei einem neuen Kulturgut", Jütting, D. H. (Hrsg.) *Die Welt ist wieder heimgekehrt: Studien zur Evaluation der FIFA-WM 2006*, Münster / New York / München / Berlin, Waxmann Verlag.

Schulke, H. J. (2012) "Public Viewing als eine neue Form des Zuschauerverhaltens in Sport, Politik und Kultur: Gesellschaftliche Ursachen, organisatorische Entwicklungen und ökonomische Folgen", *Sport und Sportgroßveranstaltungen in Europa - zwischen Zentralstaat und Regionen*, vol 4., Hamburg, Hamburg Institute of International Economics.

Schulze, B., Delschen, A. und Delschen, V. (2007) "Bürgerschaftliche Projekte im Umfeld der FIFA-WM 2006", Jütting, D. H. (Hrsg.) *Die Welt ist wieder heimgekehrt: Studien zur Evaluation der FIFA-WM 2006*, Münster / New York / München / Berlin, Waxmann Verlag.

Tuma, T. (2006) "Fragge zeigen?", *Der Spiegel*, 27/2006, Hamburg, Spiegel Verlag.
Von Büdingen, C. (2007) "Gastgeberkonzepte zur Fußball-WM 2006", Trosien, G. und Dinkel, M. (Hrsg.) *Sportökonomische Beiträge zur FIFA Fußball-WM 2006*, Heidelberg, abcverlag.
Von Stetten, F. (2009) *Imageänderung Deutschlands durch die FIFA WM 2006*™, Bochum, Universitätsverlag Brockmeyer.
Zwanziger, T. (2007) "Mit Fußball ins 21. Jahrhundert", Trosien, G. und Dinkel, M. (Hrsg.) *Sportökonomische Beiträge zur FIFA Fußball-WM 2006*, Heidelberg, abcverlag.

第三章　音楽フェス
——インターネットが拡張するライブ体験

永井純一

1　音楽における「メディア」と「イベント」

(1)　メディア・イベントとしてのフェス

近年、ロック・フェスティバルをはじめとする音楽ライブイベントが人気を博している。二〇〇〇年以降に増え始めたそれらは「フェス」という省略形で呼ばれ、それ以前におこなわれていた野外コンサートとは一線を画するものとして、今日の音楽文化を語るうえで欠くことのできない存在である。

正確な数の把握は難しいが、『ライブ・エンタテインメント白書』は、日本のフェスの市場規模を二一八億円、観客動員数を一九五万人（いずれも二〇一四年）と試算している（ライブ・エンタテインメント調査委員会 2015）。[(1)] またフェス情報サイトを手がかりにすると、近年は少なくとも日本国内において、一年間に二〇〇から三〇〇程度のフェスが開催されていると考えられる。

一般的なフェスのイメージとは、広大な特設会場やスタジアムでおこなわれる野外コンサートと相違ないものだろう。しかし、フェスに行ったことのあるものにとって、そのイメージは必ずしも正確ではないかもしれない。というのは、実際にはフェスの内実は、屋内でおこなわれるもの、キャンプをすることができるもの、地方や郊外でおこなわれるもの、都市や街中でおこなわれるものなど、多岐にわたっているからである。

他方で今日のフェスに多く見られる共通項として、複数のステージによって構成され、それらが同時進行していることがあげられる。そこではあらゆる行動が個人に委ねられており、音楽を聴かないという選択すら許容される。参加者たちはそれを「自由」と表現する。フェスでは多様な楽しみ方が許容されており、そこでの出来事は必ずしも参加者全員に共有されない（永井 2016）。

こうしたフェスはメディア・イベントの観点からどのように捉えることができるだろうか。吉見俊哉によるとメディア・イベントの概念は、①マスメディアが主催するイベント、②マスメディアに媒介されるイベント、③マスメディアによってイベント化される現実、の三点に要約される（吉見 1996）。四大フェスに代表される大規模な興行は、地上波テレビ放送、ＢＳ・ＣＳ放送、ＦＭラジオ放送などと結びつき、①こうしたメディア事業体が主催（あるいは共催）する興行であると同時に、②放送によって媒介されるイベントという意味合いも兼ね備えている。さらに、③フェスでの天災や人災などのアクシデントが報道機関によって、事件として「イベント化」されることもある。

ただし、フェスは必ずしもマスメディアが主催するとは限らないし、報道による「イベント化」も極めて限定的にしかなされない。その反面、インターネットが積極的に利用されているが、そもそも、

第一章でも検討されたように、いわば強力効果論を下敷きにしたメディア・イベント論をもってフェスを捉えることには、どことなく据わりの悪さを感じてしまう。

もちろん、だからといってそこに考えるべきことがないわけではない。むしろ、マスメディアの役割がインターネットにとってかわり、マスメディアを介さずに大勢の人が集まることへの興味はつきない。

(2) インターネットが媒介するもの

ここで、音楽体験における「メディア」と「イベント」の関係について見ておこう。

ポピュラー音楽における体験は、かつてアドルノ（Adorno, T.）が退化した聴衆の典型として、レコードやラジオを介して「しずかな小部屋で音楽と「取り組む」熱心家」と、ジャズにあわせてダンスホールで踊り狂う「ジターバグ」を対比させたように、しばしばメディアとライブというふたつの異なる位相で論じられる（アドルノ 1938=1998）。換言すれば、音楽は仮想的なメディア／現実的なイベント（としての生演奏）のいずれかとして体験されるものと想定されるのである。

このことを念頭におき、以下のふたつのグラフを手がかりに、今日の音楽をめぐる「メディア」と「イベント」の関係を見てみよう。図表３－１と図表３－２はそれぞれ、今日の音楽をめぐる「メディア」と「イベント」の関係の異なる側面を示している。

図表３－１は音楽ソフトとライブ市場の推移をそれぞれ示したものである。ＣＤに代表される音楽ソフトの売上げが低迷しているのに反して、ライブ・コンサートは右肩上がりの成長をしていること

がわかる。さしあたりここからは、人びとの音楽の楽しみ方が、メディア体験からライブやイベントを重視するものへと変化したことが読み取れそうだ。「（CDという）メディアとしての音楽の地位が低下し、（ライブという）イベントとしての音楽に価値が置かれるようになった」、「CDを買うお金がライブにまわっている」ということができるだろう。こうした言説において、「メディア」と「イベント」は切り離されたものとして捉えられ、対極におかれている。

これに対して、日本の四大フェス──「フジロックフェスティバル」（以下、「フジロック」）、「ロック・イン・ジャパン・フェスティバル」（以下、「ロックインジャパン」）、「ライジング・サン・ロックフェスティバル」（以下、「ライジング」）、「サマーソニック」──の観客動員数とインターネット普及率の推移をまとめた図表3－2は、「メディア」と「イベント」が相反するのではなく、ネットの普及とライブおよびフェス市場の成長は密接に関係していることを示唆している。一見すると無関係に思える二つのデータが、実は驚くほどきれいな相似形を示していることは、単なる偶然ではないだろう。

いずれのデータも、フェスに行く人びとの増加を示しているにもかかわらず、「メディア」と「イベント」の関係は真逆にみえる。ただし、「メディア」に何が代入されているのか、つまりそれが音楽を媒介するのか、情報やコミュニケーションを媒介するのかということの違いには注意をはらう必要があるだろう。インターネットを音楽ソフトの代替として捉え、CDは衰退しライブが活性化したという点に注目するならば、「メディア」と「イベント」は対立しているように見えるし、雑誌やコミュニケーションメディアの代替だと考えた場合、インターネットによって詳細な情報を入手しやす

図表３－１　音楽ソフトとライブの市場規模

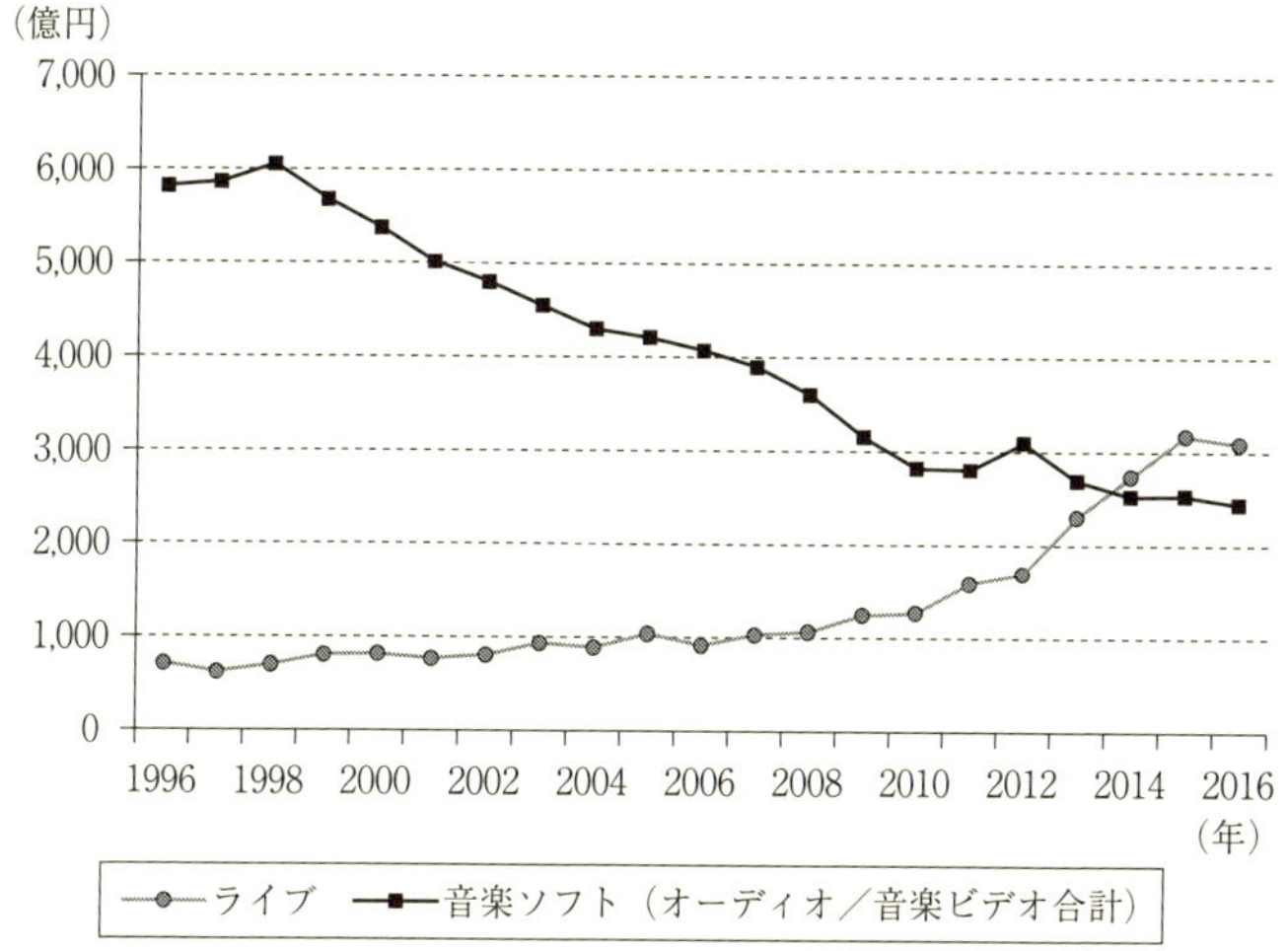

出典：日本レコード協会「音楽ソフト生産金額」、コンサートプロモーターズ協会「基礎調査報告書」

図表３－２　４大フェス観客動員数とインターネット普及率

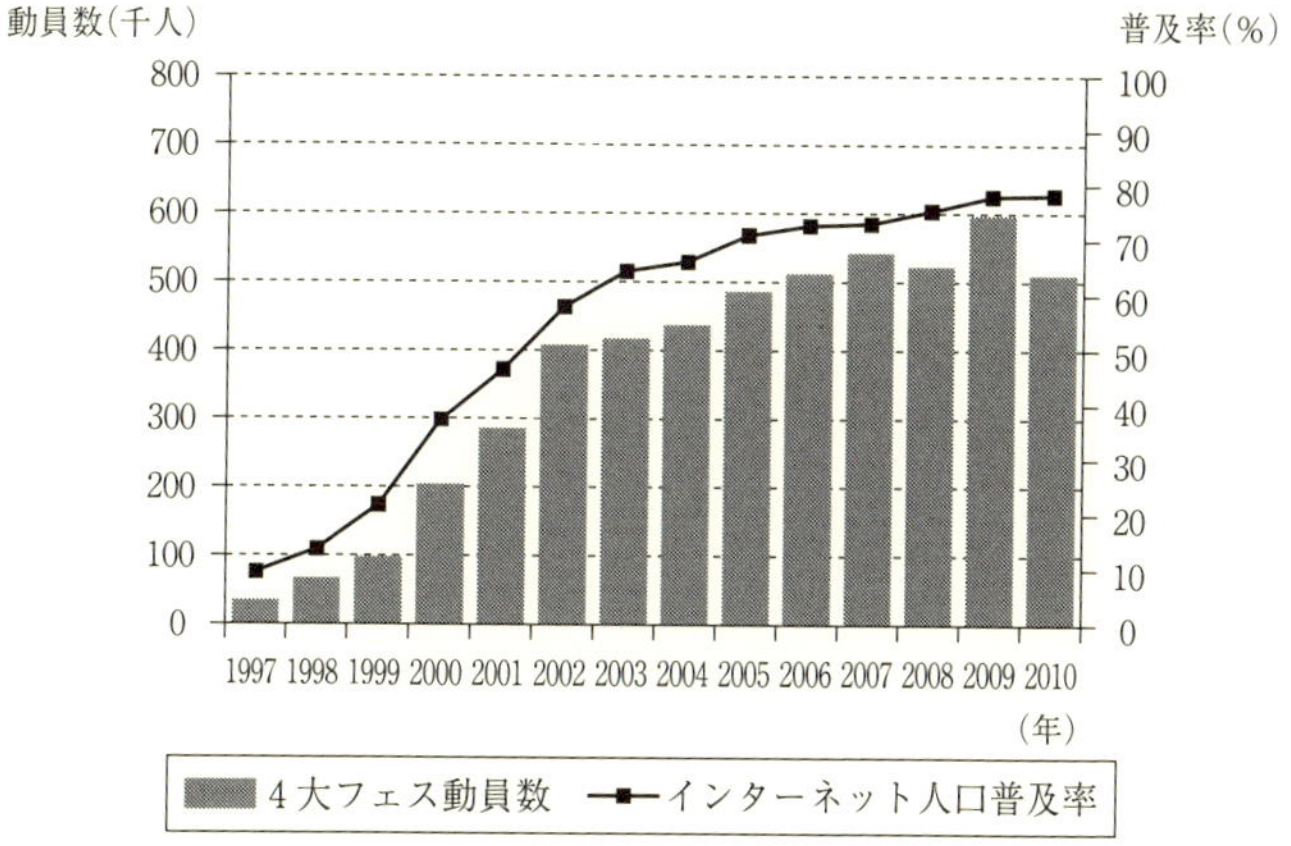

出典：各フェス発表、総務省「通信利用動向調査」

いため、「メディア」と「イベント」は共存するといえる。

しかし、音楽とメディアの関係はより複雑である。CD全盛期の九〇年代においてさえ、音楽がほかのメディアと結びつくことで音楽産業は発展してきた。烏賀陽弘道は、カラオケボックス、タイアップ、CDを「Jポップ3種の神器」と呼び、当時のヒット曲の多くがテレビCMやドラマのタイアップ曲であり、それらがカラオケで歌われるために量産されたことを指摘する（烏賀陽 2005）。ふたつのグラフが示すのは、こうしたマスメディアを利用してメガ・ヒットを生み出すのとは異なるかたちの音楽文化が、二〇〇〇年代以降にうまれてきたということであり、そこでは「メディア」と「イベント」の境界は、いっそう曖昧で複雑になりつつある。

ここまでの議論をふまえて、以下における本章の論点は、現実空間におけるイベントとしてのフェスならではの音楽聴取や体験について（＝第2節）、メディアに媒介された体験としてのフェスのインターネットにおける展開（＝第3節）、両者が合わさることによって更新されるフェスという出来事（＝第4節）の三点に要約される。

2　現実空間におけるフェス体験

(1)　個人的な経験

フジロック以降のフェスは、人びとにメディア体験としての音楽と異なるだけでなく、それまでのライブやコンサートとも異なる体験を提供してきた。なお、「フェスに行く人」を指す言葉として

「参加者（participant）」や「フェスティバル・ゴアー（festival gore）」がある。本章では、前者は具体的に特定のフェスに参加している人びと、後者は「フェス好きな人」というニュアンスを強調し、適宜使いわけることとする。

単なるライブの寄せ集めではないフェスティバルにおける、「「みる」から「いる」へ」に象徴される「個別のライブに執着せずに会場の雰囲気を楽しむ」スタイルや、そうした作法を身につけたオーディエンスは「参加者」として概念化されている。筆者がおこなったフィールドワークにおいても、リピーターの参加者ほど、「特定のアーティストをみるためにフェスに行く」ことよりも、そこで友人と会ったり、ゆっくりとした時間を過ごすことに重きをおく傾向が見られた（永井 2016）。

こうしたフェスでの作法は、経験者であれば頷くところも多かろうが、そうでない人にはなかなか伝わらないかもしれない。しかし、「体験」や「経験」といったキーワードは、フェスを語るうえで大きなヒントになる。

ちょうど日本にフェスが流行し定着しはじめたころ、パインII（Pine II, B.）とギルモア（Gilmore, J.）、シュミット（Schmitt, B.）をはじめとする経済学者やマーケッターによって、「経験経済」という言葉が注目を集めた（Pine II and Gilmore 1999=2005; Schmitt 1999=2000）。今となってはやや手垢の付いたマーケティング用語といった感があるものの、今日のポピュラー音楽をとりまく状況について、CDという「製品」やそれを提供する大型店舗が低迷し、ライブやフェスといった「経験」が人びとを魅了しているのだという説明がなされれば、一見それなりの説得力があるように思えるだろう。

ただし、こうした議論は事の性質上、それが広範に及ぶため、「経験」の定義が曖昧になりがちなことには注意が必要である。ここでは深入りをせずに、以下のことを確認するにとどめておこう。パインⅡとギルモアは「思い出に残る」ことが「経験」の特性であるとして、以下のように述べている。

これまでに経済価値はすべて買い手の外部に存在しているが、経験は本質的に個人に属している。経験は、感情的、身体的、知的さらに精神的なレベルでの働きかけに応えた人の心の中に生まれる。二人の人がまったく同じ経験をすることはありえない。個々人のその時々の気持ちや状況がステージングされたイベントと相互作用する過程で一つひとつの経験が生まれてくるからである。(Pine II and Gilmore 1999=2005: 29)

ここでは「経験」は、個人的・主観的なもの、または内発的なものとして捉えられている。もちろん「経験」が個人的なものであるならば、成功事例を事後的にモデルに当てはめて説明するだけでなく、参加者が実際にそれをどのように経験するのかを実証する必要があるだろう。

以下ではこのことを踏まえて、フェスとはさまざまな出来事によって構成される複合的なものであり、参加者によってそれぞれ異なるものとして体験または経験されるものだということを確認しておこう。

(2) なぜフェスに行くのか

先述したように、フェスの魅力が音楽やライブだけでないことを、多くの論者や参加者は口にする。ボーウェン（Bowen, H.）とダニエルズ（Daniels, M.）は、「それは音楽の問題か？」という問いをたて、二〇〇四年六月一一日〜一三日にアメリカのバージニア州でおこなわれたフェス「セレブレイト・フェアファックス」（観客動員約五万人、九つのステージに七五組以上のライブアクトが出演）において、質問紙を用いたインタビュー調査を実施し、計量調査[(2)]によってフェス参加者の参加動機の解明を試みている（Bowen and Daniels 2005）。

この調査ではまず、先行研究から抽出した九つの変数を三つの因子にわけ（図表3-3）、さらに回答を分析した結果から、参加者を以下の四つのクラスタに分類している。

①　社交（Just Being Social）――一三・四％

このクラスタの特徴は、すべての変数が低く、とくに音楽への興味が低いことであり、フェス会場では家族や友人と時間を過ごしたり、音楽以外のアトラクションで遊ぶ。また、年収五万ドル以上の既婚男性が多く、「フェスには行き続けているが、音楽自体には興味がなくなっている」というコーホート効果の可能性が示唆されている。

②　音楽以外の体験（Enrichment Over Music）――三六・四％

音楽への関心が低く、発見への関心が高い。既婚女性を多く含んでおり、彼女らにとっては知識、文化、コミュニティ、そして新しい自分を通じた発見は音楽よりも重要だと考えられる。ク

図表3－3　フェスへの参加動機

発見 (Discovery)	●ローカルな文化についての知識を高める(Increase knowledge of local culture) ●コミュニティの人びとと一緒に過ごす（Be with people from community） ●新しいことを体験する（Experience new and different things） ●多忙な生活ペースからのリカバー（Recover from hectic pace）
音楽 (Music)	●ライブをみる（Listen to live music） ●出演アーティストに関心がある（This year's musical artists have a special appeal to me）
楽しみ (Enjoyment)	●家族や友人と時間を過ごす（Spend time with family or friends） ●音楽以外のアトラクションを楽しむ（Experience nonmusical attractions） ●パーティー（Party and have fun）

ラスタ①と同じく、音楽自体にはあまり関心がない人が半数を占める。

③　音楽（The Music Matter）――三五・八％

クラスタ②とは対照的に、音楽への関心が高く、発見への関心が低い。白人が多いが、これはメインステージの出演者の傾向によるものと考えられる。

④　すべて（Love It All）――一四・四％

すべてのスコアが高い。非白人・独身者・年収五万ドル以下の層が多く含まれる。なお、このフェスは比較的アトラクションの数が多く、手頃にエンターテインメントを楽しんでいる。

この調査によると、音楽がもっとも大きな動機となっている参加者は全体の三分の一程度にとどまる。先の問いに対してボーウエンとダニエルズは、分析の結果を踏まえたうえで「ある程度はそうだが、それと同時に送り手は社交や親睦と新しい体験を楽しむ機会を提供するフェスの雰囲気をつくることが重要」だと結論づけ、フェスに行く動機は多様化・複合化しており、音楽が必ずしも最大の関心事ではないことを強調している。[3] また、興味深いことにボーウェンとダニエルズは、クラスタ③に関しては「多様性を獲得すべき」であるとか「熱狂的音楽ファンは減っていく」など、否定的に扱っている。このこと自体はエビデンスをもとにした主催者への提言なのだが、それと同時にフェスが通常のライブとは異なる体験だという認識が広まっており、それが支配的な価値観となりつつあることのあらわれともいえよう。

またこうした状況もあって、社会学や観光学を中心としたフェスに関する学術的な研究では、音楽やライブはしばしば脇に置かれてしまうことも事実である。そこで以下では、フェスにおけるライブ体験についてもふれておこう。

(3)「自由」な聴取

フェスとは複合的な要素から成り立っており、それをどのような体験にするかは参加者の主体性に委ねられている。そのことがある種の「自由」を生み出しており、それはライブでの聴取態度にも反映されている。同時進行する複数のステージから、自分の見たいものを選択するフェスでは、プログラムは参加者の趣向によって編集されるため、それが個人的なものになるのはもちろんのことだが、同一のライブにおいてさえ、どのような聴き方をするかは参加者に委ねられているのである。

渡辺裕はクラシック音楽において、「静まりかえったコンサート・ホールで一心に名曲に聴き入るような演奏会」と、そこでの「作品を一つの全体として理解し、各部分をその全体の中に位置づけるような構造的な聴き方」が一九世紀以降に成立したとして、そうした聴取態度を「集中的聴取」と呼んだ（渡辺 2012: 75-76）。それに対して二〇世紀後半にはポストモダン的なパラダイムシフトによって、「眼前に次々と展開するさまざまな音のイメージに身をゆだね」るような「軽やかな聴取」と呼ぶべき新たな聴取態度が生まれたことを指摘している（渡辺 2012: 231）。

渡辺の議論は、規範となるコンサートにおける聴取態度が実は普遍的ではなく、時代や場所によって異なるのだという問題を提起する。ポピュラー音楽においてもライブにおける聴取態度はやはり一様ではなく、さまざまな楽しみ方が存在する。ただし、それぞれのコンサートやライブには、立つ、座る、手拍子を打つ、踊るといった具合に、基調となるモードが存在する。小川博司はこれを「ノリ」と呼ぶ（小川 1988）。

これに対してフェスは、さまざまな聴取態度のうちのどれかが支配的なモードになるわけではない。集中して聴くか軽やかに聴くか、ノリに合わせるか合わせないかは、個人の選択に委ねられているのである。

もちろん、そこに規範が存在しないわけではなく、盛り上がりたい人はステージ前方に集まり、のんびりと観賞したい人は後方といった具合に、会場内はゾーニングによって秩序立てられており、これを破ること、たとえば目当てのアーティスト見たさに前方で長時間に渡って出番待ちをする「地蔵」と呼ばれる行為などは忌避されている。

このゾーニングは時に主催者によって明確化されるが、多くの場合は自然発生的になされる。それを含めたフェス会場の空間や環境のあり方は、フェスの雰囲気や方向づけ、自由度や解放感を決定するうえで、重要な役割を果たす。狭い会場よりも広い会場の方が、室内よりも野外の方が空間的な自由度や解放感が増し、参加者は「自由」な態度でライブに臨むことができるからである。

こうしたライブ環境と音楽聴取の関係について、南田勝也の「音楽のスポーツ化」に関する議論は興味深い論点を示している（南田 2014）。南田は、九〇年代以降のオルタナティブロックとそれ以前のロックとの違いに注目し、前者におけるライブがただ音楽を聴くという行為から遠ざかり、音にあわせて声をあげたり身体を動かすことが重視されるようになり、それが参加者にとってスポーツをする快楽に近いものとなっていることを指摘する。そして、その象徴といえる行為が「モッシュ」である。

(4)「フェス的身体」とモッシュ

フェスには多様なミュージシャンやバンドが出演するが、そのなかにも一定のトレンドや音楽的な流行は存在する。たとえばストーン（Stone, C.）は、イギリスで二〇〇〇年前後から今日にかけてフェスが増加するなかで、ダンスミュージックにかわってコールドプレイ（Coldplay）やオアシス（Oasis）、キーン（Keane）をはじめとした叙情的でメロディックなバンドが復活したことを指摘する（Stone 2009）。これらのバンド名をユーチューブで検索すれば、野外フェスティバルで大観衆とともに代表曲を歌う動画がすぐに見つかるだろう。歌のメロディだけでなく、ギターリフなども大合唱する参加者の姿は、今日のイギリスのフェスを象徴する風景だといえる。そこには時代性や地域性といったものが、少なからず反映されているのだ。

近年の日本のフェスにおいては、テンポが速くて音量の大きいパンクやラウドロック系のバンドが人気を博している。四つ打ちを取り入れるバンドも少なくないが、要するに〈手っ取り早く〉「盛り上がる曲」が求められているのだ。そして、これらのライブではしばしばモッシュが発生する。

モッシュとはオーディエンスが密集した状態で激しく身体を動かし、ぶつけ合う行為である。欧米のハードコアやヘヴィメタルシーンから生まれたとされるが、日本では九〇年代後半に中・大規模なスタンディング形式のクラブやライブハウスが増加し、メロディックパンク（メロコア）が台頭したころから徐々にみられるようになっていった。多くのフェスは危険行為として公式にはモッシュを禁止としているが、実際にはステージ前のエリアはモッシュピットになることが少なくない。

小さなライブ会場からはじまったモッシュは、やがてフェスとともにより多くの人びとに広がっていくのだが、南田はそこでのバンドサウンドとそれを成立させる音響技術に注目する。

これでもかというくらいの音数と音圧で体幹を物理的に振動させるサウンドに接した観客は、身体が半ば自動的に動く経験をする。忘我的にモッシュの渦に飛び込み、怒号を発し、頭を振り乱し、汗だくになって音圧の快楽に身を投じるのである。

しかもその快楽の共有は、密閉された空間で数十人が身体をぶつけるレベルではない。開放された大会場で、何千、何万という人間が、音圧の振動で同時に身を震わせる体験を共有する。ラウド系のバンドはライブでこそ本領を発揮するのであり、その実現に一役かっているのが、現代のライブ音響のテクノロジーなのである。（南田 2014: 131-132）。

また、そこでは音楽の歌詞やメッセージ、精神性といったものよりも、身体に直接働きかける音そのものがクローズアップされることになる。

音圧を高めてノイジーなギターでリフを刻むオルタナティブ以降のロックは、身体を激震させることに特化したかのようなサウンドで、ライブ会場に音の渦を生み出し、聴衆を忘我的な踊りと汗まみれの興奮に誘っている。もちろん、ミュージシャンたちは自分たちの楽曲が作品として聴かれることを放棄したわけではないし、とりわけジェネレーションXの感情を背負った初期のグランジ~オルタナティブの場合は、両肩に思想と哲学を背負いながら、一方で爆音を響かせていた。しかし時を経るにつれ、また十分な体感音響の舞台がテクノロジーの進展によって整うにつれ、音そのものという素材を聴衆の身体という素材に直接ぶつけるタイプのミュージシャンは増えていった（南田 2014: 142）。

南田の議論は、音響技術をはじめとするライブやフェス環境におけるアーキテクチャに注目し、それが身体に訴えかける作用について言及したものである。たしかに、このような音楽体験は、それを体験したものに強いインパクトを残す。大げさにいえば、何ものにも代えがたい強烈な快楽として、記憶や身体に強く刻み込まれるのである。

カミングス（Cummings, J.）とハーボーン（Herborn, J.）は、こうした身体性（embodiment）の議論とフェス体験を接合した「フェス的身体（festival bodies）」論を展開する（Cummings and Herborn

2015)。この議論において「身体」とは、精神と肉体の境界を曖昧にし、周囲の環境によって変化するものであり、それが存在する社会や文化に結びつけられる。したがってまず、「フェス的身体」なるものは、フェスという環境との相互作用によって立ち上がってくると考えられる。いわばフェスの雰囲気やアーキテクチャが参加者に影響し、参加者はそれに応じた振る舞いをするのである。それと同時に、「フェス的身体」を通じて人びとは、擬似的な共同体や祝祭としてのフェスなるものへと結びつけられる。

それゆえに、一見すると暴力的な行為にみえるモッシュは、それと同時に連帯の場でもあり、そこで互いの面倒をみることや安全性を確保することを通じて、小集団への帰属感や社交性が生じると、カミングスとハーボーンは述べている。

この身体と帰属感に関する議論は、フェスにおいて、個人と集団を行き来する参加者の姿を浮き彫りにする。フェスの目的や動機は参加者によって異なり、過ごし方や音楽の聴き方も違うのだが、「社交」がフェス参加の動機のひとつであることからもわかるように、フェスは参加者にとってコミュニカティブな場でもあるのだ。

この、個人の主体性が尊重されつつ、それが集合的な行為につながっていくという二面性は、フェスという体験の大きな特徴のひとつだといえる。次節では、ネットにおいてこの特徴がどのように浮かび上がってくるのかをみてみよう。

3　インターネットにおけるフェス――BBSからSNS、フェスティバル2・0へ

(1)　コンテンツの増加

フェスという体験のかたわらには、常にインターネットやデジタルデバイスが寄り添っている。たとえばフェスに行くには事前の情報収集が必須だが、ほとんどの場合、一次情報はそれぞれのフェスの公式ホームページで発表される。また複雑なチケット、駐車券、キャンプサイト券、オフィシャルツアーの手配もネット上でおこなわれるし、参加者同士の交流にもネットが積極的に利用される。もちろん事前のアーティスト情報の確認やユーチューブなどでの音源チェック、フェス会場での携帯電話を利用しての待ち合わせなど、フェスとデジタルメディアの関係を示す事例は枚挙にいとまがない（永井 2014）。

他方で、今日のフェスを企画・運営しているのは、いくつかの例外をのぞけば、プロモーターやコンサート制作会社をはじめ、地方の若者など、マスメディアに限らない多様な主催者であり、インターネットはその情報発信ツールとして積極的に利用されている。フェスティバル情報サイト「F・S・O」に二〇一五年に登録されたフェスは二四一件であり、そのすべてが公式サイトを設けている。さらに一九四件のフェスがツイッターの、一六四件のフェスがフェイスブックの公式アカウントを持っている。

近年ではこのほかに、「フェスティバル・ライフ」（二〇〇七年〜）や「フェスティバル・ジャンキ

ー」（二〇一四年〜）などのフェス情報サイトが登場しただけでなく、「ナタリー」（二〇〇七年〜）、「RO69」（二〇〇八年〜）、「シンラネット」（二〇〇九年〜）、「リアルサウンド」（二〇一三年〜）、「ケティック」（二〇一二年〜）といった音楽情報やサブカルチャー関連のニュースサイトでもフェス情報が積極的に扱われるようになり、ウェブ上にはフェスに関するコンテンツが多くみられるようになった。

こうした環境はフェスティバル・ゴアーの行動に、どのような影響を与えているのだろうか。調査レポートサイト「リサーチバンク」によると[4]、男女によってばらつきはあるものの、二〇一一年の時点で、フェスを含めたライブやコンサートの情報源の多くがウェブであることがわかる。「雑誌や新聞」、「テレビやラジオ」といったマスメディアがそれぞれ全体で二一・五％と一八・八％であるのに対し、「アーティストのウェブサイト」が四九・三％、「チケット販売サイト」が三五・五％でとくに高くなっている。また、チケットの購入場所についても「チケット販売サイト」（六〇・二％）をはじめ、ウェブの利用が多い。

この調査自体がウェブ上でおこなわれていることを差し引いても、インターネットの利用がライブやフェスの情報収集とチケット購入という直接的な行動に影響を及ぼしていることは想像に難くないだろう。

それだけでなく、ストリーミング配信を利用して、フェス当日にライブや会場の様子を生中継することは、主に海外のフェスを中心に一般的になりつつあるし、ツイッターやフェイスブックでもフェスに関する情報が頻繁にやり取りされている。もはや、メディア（インターネット）とイベント（フェス）は不可分な関係であり、フェスは現実的な空間だけでなく、インターネット上でも体験されるものになりつつある。
これらのことを踏まえて、以下ではフェス関連コンテンツとオンラインコミュニケーションの変化について確認しておこう。

(2) 雑誌からインターネットへ

一九九七年に第一回目となるフジロックの開催がアナウンスされた時、多くの人はその情報を雑誌で知ることとなった。音楽雑誌はそれぞれ「快挙」[5]、「画期的事件」[6]といった言葉とともに、出演者ラインナップと簡単な情報だけを「第一報」として届け、その後、続報と台風の直撃による「悪夢」の顚末を報じた。そして、その過程において、音楽雑誌は、「フェスとはなにか」「オーディエンスの心構えや準備はどのようにすべきか」といったことについて啓蒙的な役割を果たした。

この、日本においてフェスが定着する過程で、インターネットが果たした役割について岡田宏介は重要な指摘をおこなっている。岡田は初期のフジロックにおいては、主に音楽雑誌によって「従来とは異なる最新型の音楽スタイルと、それを欧米流の新しいやり方で楽しむことのできるオーディエンスが集まる、ヒップでかっこいい音楽イベント」（岡田 2003: 112）に相応しい「オーディエンスの理想的モデル」が構築されたが、二〇〇〇年ごろからその中心的な役割を果たすメディアが雑誌からインターネットに移行し、その主体が「多様で広範なエージェント」へと拡散したという。

そこではイベント参加にあたって獲得すべき情報、理解しておくべき文化的意匠の伝達は、以前のように音楽ライター等の産業・メディア関係者から直接発信されるというよりも、たとえばすでにリピーターとなっているコア・オーディエンスから「初参加」の人々へといった、より自生的な経路をとる場合が目立つようになる。（岡田 2003: 117）

当初からインターネットはフェスの情報を得るためだけでなく、参加者同士のコミュニケーションにも利用されていたことがわかる。

とはいえ、当時のインターネット状況を考えれば、こうしたやりとりは一部のユーザーによって、主に掲示板などのテキストベースのサイトで限定的におこなわれていたにすぎない。他方で、今日のネットとフェスを考えるうえで重要なのは、それらが意識の高い先駆的なユーザーや音楽ファンだけに限定されるのではなく、より一般的に多くの人びとに楽しまれるようになったことにある。

そこには模範的な参加者による、教育的な情報や文化的意匠の伝達だけではなく、より多くの人びとがインターネットを介してフェス会場に足を運び、その体験をネットにフィードバックするという構図がみてとれる。

(3) BBSとファンサイト

フェス参加者のオンラインコミュニケーションについて、二〇〇〇年ごろまで中心的な役割を果たしていたのは、公式サイトに設置された掲示板（BBS）である。それは、単なる情報発信ツールではなく、主催者と参加者、あるいは参加者同士が直接意見を交換し、交流する場として機能していた。

フジロックの主催者であるスマッシュの日高正博は「それまではインターネットでお客さんたちと連絡を取り合うのが嫌だった」ことを認めつつ、当時のことを以下のように語っている。

ホームページでは、

「自分で自分の面倒を見よう！」

と、くどいことを書いたり、アーティストやバンドのQ＆Aなど、いろいろ質問がくるので、それに関しては自分で答えていた。

インターネットを通じて、同じ音楽を好きな人たちが集まって食事をしたり、フェスティバルの話をしたり、それがものすごく役に立った。意見を聞くこと、それに加えて、こちらのメッセージを発することが出来るので、フェイス・トゥー・フェイスとあんまり変わらないと気がついたね。そういったメンバーが、現地ではボランティアじゃないけど、かなり精神的な核になっていろんな動きをしていた。（日高 2003: 49）

こうした動きのなかで、有志による現地レポート「フジロック・エキスプレス」が九七年にスタートし、その延長線上にフジロックの公式ファンサイトとして「フジロッカーズ・オルグ」が立ち上がる。ボランティアスタッフによって運営される同サイトはその後、フェス期間中のライブなどのレポートだけでなく、一年間を通じてフジロックやフェスに関する情報を発信するなど、コンテンツを充実させていく。

こうした公式サイトの掲示板とファンサイトの組み合わせ（フジロック以外でいえば、たとえばライジングにおける「エゾ・オア・ダイ！」）は、まだまだ情報が少ないなか、「主催者や関係者、そして、参加する人々を直接結びつける唯一無二のコミュニティ」としての役割を果たした。しかし、やがて多くの公式サイトでは掲示板が「撤去」され、その「コミュニティ」としての機能は、徐々に失われていく。フジロッカーズ・オルグは二〇一二年に掲示板を閉鎖したさいに、以下のような見解を示している。

…ここ数年、大きな壁にぶつかっていました。まずは、あまりに膨大な数のスパムがあります。また、匿名性によるのか、心ない書き込みもあれば、詐欺のような事件もあったという噂も伝わっています。そういった可能性に関しては当初から注意を喚起していたのですが、すでに掲示板を管理することは不可能だという結論に達しました。ですから、掲示板は閉鎖します。

一方、時代やインターネットの進化と共により重要性を増してきたのがＳＮＳ（ソーシャル・ネットワーキング・サービス）。すでに数年前から動かしていたツイッターや昨年から始めたフェイスブックの方が、遙かにコミュニティとしての有効性を感じます。これこそが、本来、フジロッカーズが目指していたものではないのか？　と、そう確信するにいたりました。ですから、今後は両者をコミュニティの核として運営していこうと考えています。(7)

フェスの一次情報源が公式サイトであることは今日でも変わらない。ただし、参加者同士の交流の

図表3－4　4大フェスティバルにおけるソーシャルメディアの利用状況

	ツイッター	フェイスブック	インスタグラム	ライン	ユーチューブ
フジロックフェスティバル	○	○	○	○	○
サマーソニック	○	○	○		○
ライジング・サン・ロックフェスティバル	○	○	○	○	○
ロック・イン・ジャパン・フェスティバル	○				

（2016年3月1日現在）

場はSNSなどに移行することになった。

(4)　ミクシィから各種ソーシャルメディアへ

先述のフジロッカーズ・オルグは、ユーザーに対してツイッターとフェイスブックへの移行を呼びかけている。四大フェスの過去のホームページをさかのぼってみると、フジロックは二〇〇二年、サマーソニックは〇七年、ライジングは一二年、ロックインジャパンは一三年までに、それぞれ公式サイトの掲示板が廃止されている。その一方で、ツイッターの公式アカウントが、フジロック、サマーソニック、ライジングは揃って一〇年二月、ロックインジャパンは一二年九月に開設され、その後、各種ソーシャルメディアに順次対応している（図表3－4）。

こうしたことから、掲示板からSNSなどへの移行はウェブ2・0が喧伝された二〇〇五年ごろに突如として起こったわけではなく、その流れが決定的になったのは二〇一〇年以降のことだといえよう。ただし、このタイムラグをつなぐものとして、二〇〇〇年代後半に人気を博したミクシィの存在に触れないわけにはいかない。

二〇〇四年にサービスを開始し、日本におけるSNSの先駆けとされるミクシィにはユーザーが立ち上げることのできる「コミュニティ」ページ

図表3―5　ミクシィ・コミュニティ「FUJI ROCK FESTIVAL」トピックとコメントの推移

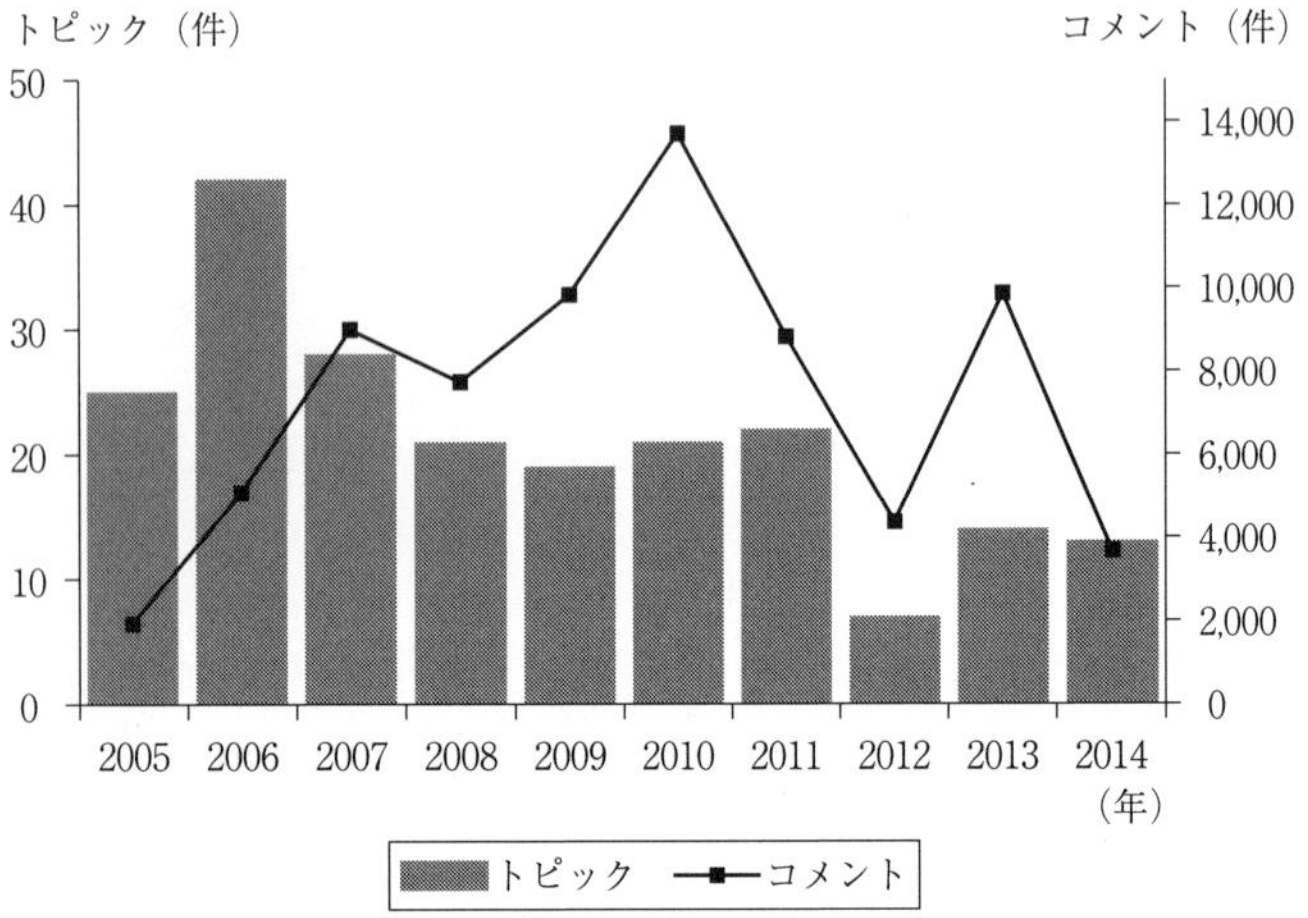

があり、実質的にこれが掲示板に代わる役割を果たしていた。ミクシィにおけるコミュニティ「FUJI ROCK FESTIVAL」は同年七月六日に立ち上がっており、参加メンバー数は本章執筆時点で五万六四四九人である[8]。図表3―5の棒グラフはトピックの数、線グラフはそこに書き込まれたコメントの総数をそれぞれ示したものである。トピックが立ち上がった日時ではなく、最終コメントのあった日時を基準としているためタイムラグはあるものの、おおむねミクシィの趨勢を知ることはできるだろう。

トピックの内容は、公式サイトやファンサイトの掲示板とほぼ同じく、「ベストアクト」「出演者の予想、来て欲しいアーティスト」などの雑談から「仲間・お友達募集」「シェア募集」や、キャンプ情報の交換までさまざまである。二〇〇八年から一〇年まではコメント数が増えていくのに対し、トピックの数自体が安定していくのは、トピックを限定した他のコミュニティ（「【チケット】FUJI ROCK FESTIVAL」など）が増えたこととあわせて、徐々にやりとりされる会話の内容が収斂していったことが一因だと考えられる。やがてツイッターやフェイスブックと入れ替わるようにミクシィのアクティブユーザーは減少し、「過疎化」が囁かれ出した二〇一一年から一二年にかけてはコメント数も減っていく。

以上のように、二〇〇〇年代後半以降、フェスティバル・ゴアーのウェブ上での交流の場は、掲示板からSNSへと漸進的に移行していった。これにともなって、フェスの運営者もプロモーションツールとしてSNSを積極的に利用していくことになる。

(5) フェスティバル2・0

こうしたインターネットとフェスの関係について、その進展を「ウェブ2・0」になぞらえた「フェスティバル2・0」に関する議論（Morey, Howell, Griffin, Szmigin and Riley 2015）は、大いなるヒントを与えてくれる。

ウェブ2・0はIT技術の進化とブロードバンド回線の普及、およびインターネット人口の増加によってもたらされたウェブサービスやカルチャーのバージョンアップを表現する言葉として、二〇〇五年ごろにしきりに叫ばれた。その内容は論者によってさまざまであるが、提唱者のオライリー（O'Reilly, T.）はその概念を以下のようにまとめている。(9)

（1）プラットフォームとしてのウェブ

（2）集合知の利用
（3）データは次世代の「インテル・インサイド」
（4）ソフトウェア・リリースサイクルの終焉
（5）軽量なプログラミングモデル
（6）単一デバイスの枠を超えたソフトウェア
（7）リッチなユーザー経験

この概念は、プログラムやサービスなどの開発、ビジネスモデルの模索からユーザー体験にいたるまで多岐に及んでおり、しばしば議論が混乱してしまうのだが、梅田望夫によると、その本質は「ネット上の不特定多数の人々（や企業）を、受動的なサービス享受者ではなく能動的な表現者と認めて積極的に巻き込んでいくための技術やサービス開発姿勢」だと要約される（梅田 2006: 120）。

フェスティバル2・0はこうした概念をフェスティバルに横滑りさせたものだといえる。そこでは、参加型ウェブカルチャーにおける生産的なユーザーと同様に、フェスティバル・ゴアーや参加者は受動的な存在ではなく、消費と生産の両方にまたがるような、あるいはフェス体験をともにつくるような能動的な存在であり、フェスは参加者にそのような関わり方をうながすプラットフォームなのである。こうした視点に立ってモーリー（Morey, Y.）らは、フェスティバル・ゴアーや参加者たちのオンラインでの活動や表現に注目し、それをユーザー生成コンテンツ（User Generated Content; UGC）や消費者生成メディア（Consumer Generated Media; CGM）をもじって「ユーザー生成フェスティバル

（User Generated Festival）」と呼ぶ。フェス（とりわけ、そのイメージ）はウェブ上のコンテンツやコミュニケーションを通じて「共創（co-creation）」や「共有（co-ownership）」される経験でもあるのだ。フェスはインターネットに媒介されるだけでなく、ネットによって「イベント化される現実」であり、今日その担い手としてフェスティバル・ゴアーや参加者たちが果たす役割は小さくない。

4　拡張するフェス体験

(1)　フェスとデジタルネイティブ

前節の議論をまとめると、ウェブ上のフェスコンテンツとそれを取り巻く状況は、①フェスの増加にともなう公式サイトの増加、②フェスティバルやカルチャー情報サイトの増加、③（公式）掲示板の減少とSNSの普及をもって、量的に変化したといえる。このことがもたらす質的な変化について重要なのは、①〜③が独立したものではなく、相互にリンクし連動している点である。とくにSNSがハブとなることによって、コンテンツはクローズドなものからオープンなものになった。

これによって、フェスティバル・ゴアーは、掲示板やホームページをわざわざ見に行かなくても、ツイッターやフェイスブックのタイムラインで情報を得ることができるようになった。さらに彼らが自身のSNSでフェスへの参加を表明したり、参加したことを（多くの場合、写真とともに）「報告」することによって、ウェブ上のフェスコンテンツは爆発的に増加する。また、こうしたコンテンツは「リツイート」や「シェア」されることによって、従来ならばフェスに関心を持たなかったであろう人びとにも届くようになった。

スマートフォンの普及は、こうした状況に拍車をかけたといえる。それは、もはやフェス内部の閉じたコミュニティで連絡をとりあうだけでなく、外部に向けたリアルタイムでの情報発信を可能にするツールなのである。野外ＥＤＭ（エレクトロニック・ダンス・ミュージック）フェスティバルである「ウルトラ・ジャパン」のディレクター小橋賢児は、今日のフェスの盛り上がりについて、以下のように述べている。

なぜ、人々がフェスに向かうのか。僕はインターネットの普及と無関係ではないと思っています。動画を見たことで、よりリアルな体験をユーザーは求めるようになりました。さらに、ユーチューブなどで見た音楽や、ライブ会場のすばらしい演奏をユーザーは感動したら、ＳＮＳなどを通じて共有します。いいものを伝えたい、という純粋な気持ちと、ここにいるよという自己顕示欲。この「欲」がコンテンツのＰＲ活動をしてくれる、という見方もできます。(10)

スマートフォンとＳＮＳの登場は、フェスとインターネットの結びつきをより強くするだけでなく、メディアによって「イベント化される現実」としてのフェスの性質をも変えてしまったのである。

フェスティバル・ゴアーのインターネット利用に関して、アメリカのイベント情報掲載やチケット販売をするサイト「イベントブライト」と調査会社のマッシュワークは興味深い調査報告をおこなっている。同調査では、二〇一三年八月から一年間のソーシャルメディアにおける音楽フェスティバルに関するユーザーの投稿を集計し、その内容を分析した。報告によると、前年より三四％増加した二千万件以上の投稿のうち、七五％は一七〜三四歳の「ミレニアル世代」によるものだという（Eventbrite and MASHWORK 2014）。

ミレニアル世代とは、アメリカで一九八〇年から二〇〇〇年のあいだに生まれた人びとを指す言葉である。約八千万人を数えるこの世代はマーケティングの対象としてのみならず、先行世代と異なる価値観を持つものとして、さまざまな面で注目を集めており、フェスの楽しみ方にもその傾向は顕著にあらわれている。その大きな特徴として、しばしば指摘されるのは、彼・彼女らは物心がついたころからデジタル機器やインターネットが普及した環境で育った「デジタルネイティブ」だということである。ピュー研究所の報告によると、ミレニアル世代の八一％はフェイスブックのアカウントを持ち、そこでの平均の友人数は二五〇人である。また五五％がセルフィー（自撮り）の経験があり、いずれの数値も前の世代と比べて非常に高くなっている[11]。こうした若者たちのソーシャルメディアの積極的な利用が、かつて単発的なビッグ・イベントはおこなわれるものの、継続的なフェスティバルが定着しなかったアメリカにおいて、音楽フェスが「若いアメリカ人のお気に入りの娯楽のひとつになった」ことの背景にある。

日本においても同様の傾向は見られ、若い世代では積極的にSNSが活用されている。柴那典は、一部のフェスティバル・ゴアーのあいだでは、大勢で集合写真を撮影し、それをツイッターなどでシェア・拡散する「独自の文化圏」が形成されつつあることを指摘している[12]。

インターネットの利用がフェス体験をより豊かなものにしていることを、イベントブライトとマッシュワークによる報告書は示唆している。以下に、本章の議論にとって重要だと思われる点について要約しておこう。

一つ目は、投稿の内容についてである。時期やフェスによってばらつきがあるものの、全体として最も多かったのはラインナップに関するもの（三九％）、次いでフェス体験そのものについて（一七％）である一方、特定のアーティストに関する投稿は八％にすぎない。このことは第2節で見たように、フェスが複合的なものとして体験されていることを裏付けている。

二つ目は、SNSがいつ利用されるのかという点についてである。すべての投稿を一〇〇％とした場合に、それぞれのタイミングにおける投稿の占める割合は、フェス前（五四％）→フェス期間中（一七％）→フェス後（二九％）と移行している。つまり、ソーシャルメディアを活用することで、フェスがその開催期間に楽しまれるだけでなく、より長期間にわたる体験となっているのである。

三つ目はライブストリーミングについてである。報告書によると投稿のうち二三％は遠隔地からライブストリーミングを見ていることに関するものである。ただし、二一％がフェスに行けなかったファンによるものであることから、FOMOとの関連性が指摘されている。FOMOとはFear of Missing Out の略語で、「取り残されるかもしれない不安」を意味し、SNS中毒の症状の一つとされる。このことはコミュニケーションやアイデンティティの問題を深刻にする。

(2)　コミュニケーションの浮上——ネタとしてのフェス

以上のように、現実空間と情報技術の融合という観点からみれば、フェスはインターネットによって拡張され、フェスの内外を分かつ境界線は曖昧になりつつあるといえよう。インターネットは、フェスを時間的にはより長期的な体験とし、空間的には遠隔地からの参加を可能にしている。

ウェブ上で繰り返される会話や発言によって、人びとのフェスへの愛着や思い入れは増幅され、フェス自体のブランド価値は強化される。マーケティングでいうところの「エンゲージメント」が高まっていくのであり、フェスティバル・ゴアーは主催者とともにフェスを作りあげる存在となる一方で、SNSを介して各フェスやスポンサー企業によって捕捉され、マーケティングの対象となる。[13]

このように、メディア・イベントとしてのフェスの最も大きな特徴は、それがインターネットでユーザーに媒介されるだけでなく、イベント化される現実だという点にある。それゆえに、デジタルネイティブやミレニアル世代を中心としたSNS利用の潮流がフェスに与える影響は大きく、また、SNSユーザーとフェスティバル・ゴアーの生態には重なり合う部分も少なくない。

そこで浮上するのが、コミュニケーションの問題である。

第2節で見たように、そもそも複合的な体験であるフェスにおいて、音楽だけが重要ではないと考える層はかねてから一定数存在していた。「社交」は重要なファクターであったが、ソーシャルメディアの存在がこの傾向を押し進めることになったのである。音楽評論家の円堂都司昭はこうした状況を、「ステージ上のスターのオーラやファンタジーよりも、観客たちのリア充的気分のほうが重要になっているかのごとき状況がある」と表現している（円堂 2013: 129）。

このことについて、たとえば掲示板からSNSへといった、インターネット上のコミュニケーション様式の変化が、現実空間のそれに与える影響についても考慮しなければならないだろう。また近年は、スマートフォンの普及によってSNS上では文字によるやりとりだけでなく、写真や動画によるビジュアルコミュニケーションが活性化している。ドミニク・チェンと電通総研は、「盛り」と「祭り」という表現を用い、こうしたビジュアルコミュニケーションは自分をより良く演出する（＝盛る）ためにしばしば用いられ、ハロウィンをはじめとする、ある種のイベント（＝祭り）と馴染みがよいことを指摘している(14)。

近年のフェスやライブにおいて、コスプレのごとく仲間同士で揃えた同じTシャツやファッションに身を包んだ若者たちの姿がしばしば見られる。アパレルブランド「ディッキーズ」のハーフパンツを履いていることが多いため、「ディッキ族」と呼ばれる彼・彼女らの、お揃いのコーディネートや「集合写真」は明らかにビジュアルコミュニケーションを意識したものだろう。

こうしたSNSの利用はまた、アイデンティティの問題でもある。バウマン（Bauman, Z.）によると、ソーシャルネットワーキングの普及によって、公私の境界は曖昧になり、若者たちはそこで私生活を「告白（confession）」する（Bauman 2007）。そのようなコンフェッショナル・ソサエティではアイデンティティは常にアップデートされ、提示される必要がある。フェスはそのさいの格好の投稿ネタでもあるのだ。

注

（1）F.S.O【Festival Tripper】http://fso-web.com/（最終閲覧日：二〇一七年四月二〇日）
（2）三時間交替で同時に八〜一〇人の調査員を会場に配置し、三七四の有効回答を集めている。

(3)もちろん、フェスティバルによってその傾向は異なる。ゲルダー（Gelder, G.）とロビンソン（Robinson, P.）による調査は、サンプル数は少ないものの、イギリスで有名な「グラストンベリー・フェスティバル」と「Vフェスティバル」では参加者の動機が異なり、前者では「雰囲気」と「家族や友人との社交」（ともに一九・四％）が重要であり、後者では「音楽／アーティスト」（四九・二％）がそのトップにあげられることを示している（Gelder and Robinson 2009）。

(4)リサーチバンク「コンサート・ライブに関する調査。およそ三〇％は「一年に一回以上」コンサートやライブに行く」http://research.lifemedia.jp/2011/11/111109_concert.html（最終閲覧日：二〇一七年四月二〇日）

(5)『クロスビート』シンコー・ミュージック、一九九七年五月号

(6)『ロッキング・オン』ロッキング・オン、一九九七年六月号

(7)フジロッカーズ・オルグ「fujirockers.org について」http://fujirockers.org/?page_id=4334（最終閲覧日：二〇一七年四月二〇日）

(8)mixi コミュニティ「FUJI ROCK FESTIVAL」http://mixi.jp/view_community.pl?id=14349（最終閲覧日：二〇一七年四月二〇日）

(9)O'Reilly, T.（2005）"What Is Web2.0"（http://www.oreillynet.com/pub/a/oreilly/tim/news/）=CNET Japan「特集 Web 2.0 ってなんだ？——Web 2.0：次世代ソフトウェアのデザインパターンとビジネスモデル（前編）（後編）」http://japan.cnet.com/sp/column_web20/20090039/ http://japan.cnet.com/sp/column_web20/20090424/（最終閲覧日：二〇一七年四月二〇日）

(10)日経電子版「ＣＤ買わない若者、なぜフェスにいくのか」http://style.nikkei.com/article/DGXNASFK1002S_R10C14A6000000?channel=DF130120166044（最終閲覧日：二〇一七年四月二〇日）

(11)Pew Research Center: Social & Demographic Trends “Millennials in Adulthood: Detached from Institutions, Networked with Friends” http://www.pewsocialtrends.org/2014/03/07/millennials-in-adulthood/（最終閲覧日：二〇一七年四月二〇日）

(12)日々の音色とことば「Tシャツと集合写真――2010年代の『ROCK IN JAPAN FESTIVAL』論　その1」http://shiba710.blog34.fc2.com/blog-entry-560.html（最終閲覧日：二〇一七年四月二〇日）

(13)Eventbrite and MASHWORK（2014）の最後には、フェスティバル・ゴアーが好むブランドのベスト三〇が、データとともに記載されている。

(14)「ドミニク・チェンさんと考えるビジュアルコミュニケーションの未来　#03 ――『盛り』と『祭り』から読み解く若者たちの写真シェア文化」http://dentsu-ho.com/articles/3597（最終閲覧日：二〇一七年四月二〇日）

参考文献

日本語文献

アドルノ、T. W.（1938=1998）『不協和音――管理社会における音楽』三光長治・高辻知義訳、平凡社

円堂都司昭（2013）『ソーシャル化する音楽――「聴取」から「遊び」へ』青土社

日高正博（2003）『やるかFuji Rock 1997-2003』阪急コミュニケーションズ

ライブ・エンタテインメント調査委員会（2015）『ライブ・エンタテインメント白書　レポート編 2015』ぴあ総合研究所

南田勝也（2014）『オルタナティブロックの社会学』花伝社

永井純一（2014）「ツーリズムとしての音楽フェス」遠藤英樹・寺岡伸悟・堀野正人編著『観光メディア

論』ナカニシヤ出版
永井純一（2016）『ロックフェスの社会学――個人化社会における祝祭をめぐって』ミネルヴァ書房
小川博司（1988）『音楽する社会』勁草書房
岡田宏介（2003）「イベントの成立、ポピュラー文化の生産――「(悪) 夢のロック・フェスティバル」への動員はいかにして可能か」東谷護編『ポピュラー音楽へのまなざし――売る・読む・楽しむ』勁草書房
烏賀陽弘道（2005）『Jポップとは何か――巨大化する音楽産業』岩波書店
梅田望夫（2006）『ウェブ進化論――本当の大変化はこれから始まる』筑摩書房
渡辺裕（2012）『聴衆の誕生――ポスト・モダン時代の音楽文化』中央公論新社
吉見俊哉（1996）「メディア・イベント概念の諸相」津金澤聰廣編著『近代日本のメディア・イベント』同文舘出版

英語文献

Bauman, Z.（2007）*Consuming life*, Cambridge, Polity Press.
Bowen, H. E. and Daniels, M. J.（2005）"Does the Music Matter?: Motivations for Attending a Music Festival", *Event Management* 9(3): 155-164.
Cummings, J. and Herborn, J.（2015）"Festival Bodies: The Corporeality of the Contemporary Music Festival Scene in Australia", McKay, G.(eds.) *The Pop Festival: History, Music, Media, Culture*, London, Bloomsbury.
Eventbrite and MASHWORK（2014）"Music Festival Study", Eventbrite. http://eventbrite-s3.

s3.amazonaws.com/marketing/MusicFestivalResearch/EventbriteStudyMusicFestivals8_25_14.pdf

Gelder, G. and Robinson, P.（2009）“A Critical Comparative Study of Visitor Motivations for Attending Music Festivals: A Case Study of Glastonbury and V-Festival”, *Event Management*, 13(3): 181-196.

Morey, Y., Howell, A. B., Griffin, C., Szmigin, I. and Riley, S.（2014）“Festivals 2.0: Consuming, Producing and Participating in the Extended Festival Experience”, Bennett, A., Woodward, I. and Taylor, J.（eds.）*The Festivalisation of Culture*, Farnham, Ashgate.

Pine II, B. J. and Gilmore, J. H.（1999）*The Experience Economy*, Boston, Harvard Business School Press. ＝（2005）岡本慶一・小高尚子訳『［新訳］経験経済――脱コモディティ化のマーケティング戦略』ダイヤモンド社

Schmitt, B. H.（1999）*Experiential Marketing: How to Get Customers to Sense, Feel, Think, Act, and Relate to Your Company and Brands*, New York, Free Press. ＝（2000）嶋村和恵・広瀬盛一訳『経験価値マーケティング』ダイヤモンド社

Stone, C.（2009）”The British pop music festival phenomenon”, Ali-Knight, J., Roberston, M., Fyall, A. and Ladkin, A.（eds.）*International Perspectives of Festivals and Events: Paradigms of Analysis*, London, Routledge.

第四章　ゲーム実況イベント
——ゲームセンターにおける実況の成立を手がかりに

加藤裕康

1　ゲーム実況イベントを問い直す

(1)　動画配信とゲーム実況

試合の熱気を伝えるかのように実況者の声が会場内に響く。巨大なスクリーンには、イカのキャラクターが路面や壁にペイントしながら陣取り合戦を繰り広げている様子が映し出されていた。会場はスクリーンを見上げる観衆で埋め尽くされ、実況者からインターネットのライブ中継（ニコニコ生放送）(1)の視聴者が三六万人を超えたとアナウンスされた。この日、家庭用テレビゲーム「WiiU」（任天堂）の人気ソフト「スプラトゥーン」（任天堂）を用いた全国大会「スプラトゥーン甲子園」が開かれ、各地の予選三千チームのなかから勝ち抜いてきた四人一組の二チームが、優勝をかけて激突したのである（二〇一六年一月三一日取材）。

「ゲーム実況とゲーム大会の祭典」を謳った「闘会議《とうかいぎ》2016」(主催:niconico)。二〇一六年一月三〇日から三一日にかけて幕張メッセ国際展示場で開催され、四万人を超える人びとが来場し、約六八七万八千人がニコニコ生放送でこれを視聴した。(2) スプラトゥーン甲子園は、この闘会議のイベントブースのひとつである。闘会議では、「モンスターストライク」(ミクシィ)や「ダンジョンストライカー」(DMM.com)など、一千万円を超える高額賞金が懸けられた大会もおこなわれた。

闘会議はニコニコ動画を利用する人たちの祭典とされている。ニコニコ動画の利用者は、住む場所も違えば生活スタイルも異なるため、同じ場所を共有して何かをおこなうことはなかなかできない。そのような利用者が一堂に会するイベントとしては、「ニコニコ超会議」が二〇一二年から幕張メッセで開催されている。闘会議が超会議と異なるのは、ニコニコ動画で配信されている音楽や踊り、作画などのカテゴリーのなかでも、最も人気のあるゲームだけを取り上げたイベントであるという点だ。(3)

インターネットを利用したゲーム実況は二〇〇〇年代後半、ユーチューブ(YouTube)やニコニコ動画などの動画共有サイトの登場以降に急増し、人気を博している。二〇一一年にはゲーム動画専用サービスである「ツイッチ(Twitch)」(4)、一四年にはスマートフォン向けのゲーム動画専用サービスである「オープンレック(OPENREC)」が開設した。世界で最も観られているユーチューブの動画配信者は、スウェーデン出身のフェリックス・チェルベリ(Kjellberg, F.)というゲーム実況者である。彼はピューディパイ(PewDiePie)というハンドルネームを用い、同名のユーチューブ・チャンネルは登録者数四五四〇万人、動画の視聴回数一二四億回を記録している(二〇一六年六月一三日現在)(5)。これは世界的に有名なアイドルであるジャスティン・ビーバー(二二〇〇万人登録、一一〇億二八四〇万回視聴で世界二位）のチャンネル登録者数の約二倍である。ゲーム実況がいかに人気のあるコンテンツになっているか、うかがい知れよう。

(2) ゲーム実況の問題点とその克服

これらゲーム実況の多くは、メーカーが販売・配信したゲームを用いるが、ここには問題もある。ゲームソフトの映像は著作権法一〇条一項七号で保護されており、これを著作権者に無断で配信することは、公衆送信権などを侵害する行為にあたると考えられる。ゲーム実況が始まったころは、著作権問題のほかにも、ネタバレ（ストーリーが重視されるRPGなどのゲームにおいて、未プレイの人に先の展開を知らせてしまうこと）が購買意欲の減退を招くとされ、制作会社から訴えられるリスクを、実況者の多くは抱えていた(6)。そのためか、実況者は偽名（ハンドルネーム）を用いるだけでなく、イベントで人前に出る時には、大きなマスクをして顔を隠すなどしていた(7)。飯田一史は、ニコニコ動画の実況者（実況主）のほとんどが顔を隠している理由のひとつを、著作権に触れるので身元が割れないようにするため、と説明する（飯田 2015）。

法的な問題を抱えつつも、他方で、ストーリーがさほど重要ではない格闘ゲームの対戦モードなどは、ネットで配信してもらうこと自体が宣伝となり、売り上げにつながることが知られるようになった(8)。格闘ゲームではないが、とくに二〇〇七年に発売された「Xbox 360」版「アイドルマスター」では、ゲーム画面を編集した動画（MAD《マッド》）などがネットに上がって話題となり、キャラクターに着せる衣装やアクセサリーなどのダウンロードコンテンツの売り上げが伸びたといわれる(9)。

それでは、どのような人びとがゲーム実況を観ているのであろうか。ニコニコ動画のゲーム実況視聴者の大半は中学生から大学生であるという[10]。視聴理由はさまざまであるが、ひとつにはゲーム雑誌やゲーム販売店の減少によって、ゲームに関する情報が手に入りにくくなった点が挙げられる。ゲーム実況者の「ガッチマン」は、ゲームの主流がケータイゲームに移り、新作ゲームの本数と店舗に並ぶソフトの数が減り、ゲーム雑誌がなくなっていくなかで、ゲーム実況が情報源になっているという趣旨の発言をしている（ゲーム実況愛好会編 2011）。もっとも年齢層によって利用する情報源が異なる傾向があり、三〇代なかばより上の世代になると紙媒体である雑誌を購入しているものの（浜村 2016）、『出版指標年報』を参照すると、実際にゲーム雑誌の発行部数は、一九九七年に一億三四四八万冊あったのが二〇一五年には二六七五万冊まで減っている。同様にゲーム専門店は、『テレビゲーム産業白書』によれば、一九九七年の時点で六八九八店舗あったのが、二〇一一年には八六三店舗まで減っている。さらにゲームは、パッケージ販売の減少とは対照的にダウンロード販売が増えており[11]、ゲーム専門店などから情報を得る機会は以前に比べて減少していると考えられる[12]。

そのような状況下で、ゲーム実況はゲームを購買するさいの判断材料としても視聴されている。伊豫田旭彦によれば、スパイク・チュンソフトは、自社ゲームの購買者に「ゲームを知ったきっかけ」と「購入時に参考にした情報源」についてアンケートで質問しており、いずれも最も多かったのが「動画サイト」だった。こうした現状を受け、同社はアクションゲーム「テラリア」（二〇一三年五月発売）の実況を公認するだけでなく、動画配信してくれる実況者を募集し発売前にソフトを無料配布したほか[13]、発売後にもニコニコ動画の「ゲーム実況チャンネル」で定期的にゲームプレイのライブ中継をおこない、売り上げを伸ばしている。ネタバレの恐れがあるストーリー重視のゲームの場合でも、「地球防衛軍4」（ディースリー・パブリッシャー、二〇一三年七月発売）のように、公開範囲を段階的に設けることでゲーム実況を許可したケースもある（伊豫田 2014; 稲葉 2015; 飯田 2015）。そして闘会議の企業ブースでおこなう公式のゲーム実況イベントなどには、顔を隠さずに出演するプレイヤーも散見されるようになった。

こうしたなかで二〇一四年に日本で発売された家庭用テレビゲーム機の「PlayStation 4」（ソニー・インタラクティブエンタテインメント）、「Xbox One」（マイクロソフト）には、動画共有機能が実装された(14)。これらの機器は、ネット上に投稿できる範囲を制御することで、著作権問題に対処している。さらに、コンピュータゲームの展示会である「東京ゲームショウ2015」には、ユーチューブとツイッチのブースが初めて出展され、人気実況者や声優によるゲーム実況もおこなわれた（二〇一五年九月二〇日取材）。この年の東京ゲームショウを報じた記事のなかには、「今年のトレンド」として「ゲーム実況」を挙げているものさえあった(15)。このようにゲーム実況は、ひとつのビジネスモデルとしても注目されるようになっている(16)。

(3)　ゲーム実況を理解する補助線としての「ゲームセンター」

一般に認知されるようになった「ゲーム実況」であるが、この言葉が指し示すものは決して自明ではない。一般的には家庭用テレビゲームやPC用ゲーム、スマホ用ゲームをしゃべりながらプレイしている様子を、ニコニコ動画などのサービスを利用してインターネットで配信することを指す。先行研究でもほぼ同じように定義されている（金田 2009; ゲーム実況愛好会編 2011; 稲葉 2015; 飯田 2015; 七邊 2015）。しかしながら、ゲーム実況はインターネットから生じたものでも、家庭用テレビゲームやPC用ゲーム、スマホ用ゲームに限定されるものでもない。ゲーム実況は、ゲームセンターを取り巻くメディア空間のなかで生成し、インターネットが普及する以前から、ビデオテープやDVDを介しておこなわれてきた経緯があるのだ。

インターネット上のサービスに限定してゲーム実況を捉えてしまうことは、これがまるで、動画共有技術によって突然湧いて出てきたかのような印象を与えかねない。離れた場所にいる人びとを結びつけるメディアとしてインターネットが注目されてきた反面、ある場所に集まり経験を共有したいという欲求は、ネット時代においても高まっている（加藤 2014）。そのような経験を提供する場所としても、ゲームセンターは機能する。ゲームセンターをeスポーツの起源として重視する論考はあっても、ゲームセンターをフィールドにして、ゲーム実況も含めて人びとの行動を考察した研究は管見の限り見当たらない。本章では、これまで捨象されてきたゲームセンターという空間におけるゲーム実況文化に着目し、そこで形作られるイベントの特性について考察する。これらを検討する材料として、筆者が一九九七年から二〇一六年まで一都二府一七県で断続的におこなってきたフィールドワークのデータ（一七九店舗、一二イベント会場、インタビュー約三〇〇人）を用いる。

以下、第2節ではゲーム実況の起源を探る。とくにゲーム実況者が影響を受けてきたテレビ番組の存在を浮き彫りにしたうえで、ゲーム実況に関する先行研究を検討し、ネット文化に収斂してしまったゲーム実況の様態を問い直す。そして、ゲーム実況とeスポーツ（イベント）が一体化しつつある状況、さらにイベント・マーケティングの視点とゲームセンターでおこなわれてきた大会（ゲームイベント）との関連を示し、ゲーム実況がゲームセンターで生成してきたという事実を明らかにする。第3節では、これまで捨象されてきたアーケードゲーム（業務用ビデオゲーム）を用いたイベントの事例を示し、ゲーム実況の様態を分析する。とくに小規模ではあるが独自の大会を開催している中小企業のオペレーター（ゲームセンター）に焦点を当て、イベント・マーケティングに回収されないイベント運営者が登場した社会背景を探る。そして第4節では、冒頭で取り上げた闘会議や闘劇《とうげき》、EVO《エヴォ》[17]などの巨大なゲームイベントに立ち返り、ゲームセンターにおけるイベントとの関係や相違点を明示し、「場」のもたらす意味を考察する。

2　ゲーム実況イベントの起源

(1)　テレビ番組の影響

ゲーム実況はインターネット上において、ニコニコ動画などの動画共有サイトが登場する以前、P2P[18]を利用した配信ツールのピアキャスト（PeerCast）で二〇〇四年からおこなわれていたという[19]。一部の利用者のあいだで配信、視聴されていたゲーム実況が一般化したのは、比較的簡単に利用できるニコニコ動画が登場し、〇六年にピアキャストの人気実況者の動画が転載されるようになってからだった。〇八年にはゲーム実況を始める配信者が増え、編集に凝った動画も増加した。

このようにゲーム実況の起源は、インターネットのなかにあるとされがちだ。しかし、ニコニコ動画のゲーム実況者のなかには、二〇〇三年から放送されている『ゲームセンターCX』（フジテレビ）に憧れて実況を始めたことを口にする者が少なくない[20]。同番組は、芸人の有野晋哉がレトロゲームをプレイしながらしゃべるコーナーを中心としており、これもゲーム実況に分類されてもおかしくはない。

海外ではどうだろうか。アメリカで一九八〇年から八四年まで放送された『That's Incredible!』（ABC）では、「国際ビデオゲーム大会」を謳った競技番組を作っている。そのさい、選手たちがアーケードゲームをプレイする横で、司会者による実況がおこなわれていた（一九八三年二月二一日放送）。同様に、一九八二年から八四年まで放送された視聴者参加型の『Starcade』（WTBS、Syndication）でも、スタジオで視聴者がアーケードゲームで対戦する様子を実況していた（Taylor 2012）。

ゲーム実況といった時、テレビは外され、インターネットでの配信のみが想定されるのはなぜか。よくいわれるように、視聴者の側から働きかけることのできないテレビは受動的なメディアとされるのに対して、視聴者がコメントを書き込むことのできるインターネットは能動的なメディアであるとされる。ゲーム実況においても、コメント機能を利用した視聴者とのやり取りはテレビにはない魅力となっている。さらに、芸能人でもない一般の人びとがゲームをプレイするだけで送り手になれるゲーム実況は、自己表現の場を求めていた人びとにとって手軽な手段となった。ゲーム実況の本質は、『That's Incredible!』や『Starcade』のような競技番組ではなく、ただ単にゲームで遊び、おしゃべりしている動画配信の気楽さに求められているのかもしれない。

だが、そのように捉えてみても、しゃべりながらゲームをだらだらとプレイしている（ように見える）『ゲームセンターCX』との違いは、それほど明確ではない。スミス（Smith, T.）らは、ゲーム実況の視聴者がコメントを書き込むなどして活動的に振る舞うこともあれば、消極的に視聴するだけに留まる場合もあり、ユーチューブなどインターネットのライブ中継のコミュニティにおいて、能動と受動の概念は決して固定的でないと強調する（Smith, Obrist and Wright 2013）。

(2)　ゲーム実況とは何か

ここで一度、メディア決定論的な視点から離れ、ゲーム実況とは何かを整理してみよう。先行研究におけるゲーム実況の大まかな定義は先に示したが、その言葉が指し示すものは論者によって多少異なっている。まず、ゲーム実況には、録画して編集した動画とライブ中継がある。ニコニコ動画では、ゲームを映した動画をすべて「プレイ動画」[21]と呼び、その下位カテゴリーとして「ゲーム実況」「字幕プレイ動画」「フルボイス動画」「ゆっくり実況」がある。「字幕プレイ動画」は映像に字幕をつけて解説するもので、「フルボイス動画」はキャラクターの台詞を吹き替えている。「ゆっくり実況」は文章読み上げソフトを用いて機械音声を重ねる動画だ。これらはゲーム実況そのものではないが、互いに密接な関係にある（ゲーム実況愛好会編 2011）。この分類に対して、飯田一史は「字幕プレイ動画」や「ゆっくり実況」もゲーム実況に含まれるものとして扱い、「ゲームプレイをネタにして人を楽しませている動画全般」がゲーム実況であるという（飯田 2015）。

ユーチューブやツイッチを調査したスミスらによれば、ゲームを扱う動画（video game live-streaming）のなかで最も人気のあるコミュニティは、「ｅスポーツ（e-sports）」、「スピードランニング（speedrunning）」、「ゲーム実況（Let's Play）」である。ｅスポーツとは、ビデオゲームを用いた競技のことを指し、公式大会などにおけるライブ中継では、プレイヤーとは別に解説者が置かれる。スピードランニングは、可能な限り速くゲームをクリアすることを試みるもので、ゲームのスキルが必要という点において「ｅスポーツと非常に似ている」。ゲーム実況は「遊ぼう（Let's Play）」と訳せばわかりやすいが、それ自体遊戯性が高く、競技やスキルではなく実況者のパフォーマンスに重点が置かれている。とりわけ、視聴者の興味を引き出し、楽しませるものがゲーム実況であるという。

飯田はジャンル分けに拘泥せず、スミスらはジャンルの違いにこだわりながらも、両者ともにゲーム実況は人を楽しませる娯楽であることを強調する。そのようにゲーム実況を捉えるならば、ｅスポーツやスピードランニングも娯楽であることに変わりはない。そもそも「スポーツ」の語源がラテン語の「デポルターレ（deportare）」で、気晴らしや休養、遊びを意味していたことを考慮するならば、ｅスポーツの競技性だけを強調して、遊戯性を捨象することはできない[22]。

また、ゲーム実況の魅力のひとつとしては、物語の意味を読み替える実況スタイル（金田 2009）や、ゲームが上手くないプレイヤーによる突っ込みどころ満載のしゃべりとプレイ（飯田 2015; 稲葉 2015; 浜村 2016）が挙げられる。これらの特徴は、『ゲームセンターＣＸ』の有野が決して上手いプレイヤーではなく、突っ込みどころ満載だったこと、あるいは「クソゲー」と呼ばれるつまらないゲームさえも面白く見せる実況スタイルだったことを考えてみても、何もインターネットのゲーム実況者に限ったことではない。テレビの影響は明白である。

稲葉ほたては、ゲーム実況者のプレイスタイルに着目し、これを「垂れ流し型」「ステージ型」「ナレーター型」に分類する。垂れ流し型は視聴者をあまり意識しない実況者で、ステージ型は観客を意識して自らを表現する実況者（プロゲーマーなど）を指す。ナレーター型は視聴者と目線を共有する実況者のことで、「単にゲーム画面のテキストを読み上げたり、状況を解説しているだけである」が、子どものころに友人のプレイを肩越しに覗き込んだ時のような一体感を味わえるという（稲葉 2015）。乙一は、ゲーム実況視聴をテレビではなく、ラジオ的距離感を持つ親密さを醸成するメディア経験として捉える（乙一 2011）。乙一が想定しているのは、実況者の顔を映さないナレーター型の実況であり、ゆえに友人のプレイを肩越しに覗き込む視点が得られる。「ラジオ的」と表現したのは、つまり実況者の顔が見えないということである。ステージ型では、プレイヤーの顔をワイプで抜く動画も見られるが、この画面構成は友人と一緒に遊ぶ主観的視点というよりも、テレビで有名人を観るような客観的視点になる。

同様に、飯田もラジオとテレビの比喩を用いて、ニコニコ動画を深夜ラジオのしゃべり芸、ユーチューブを大げさな表情とリアクションのお笑い芸（テレビバラエティ）であると述べる。彼によれば、ニコニコ動画の実況者のほとんどが顔を出していないのに対して、ユーチューブでは顔を出している。ニコニコ動画で顔を出さない実況者は、ゲーム画面だけを映しているため、しゃべりが重要になる。他方で顔を出して実況するユーチューバーは、大げさな動作で視聴者を面白がらせるというわけだ（飯田 2015）。今では顔を露出するニコニコ動画の実況者も増え、ユーチューブにニコニコ動画の映像が転載され、実況者が両サイトに登場するようになっているため、必ずしもプラットフォームによって明確な区分ができるわけではない。それでも画面のなかにプレイヤーの姿を映すかどうかは、視聴者に与える印象だけでなく、実況者のプレイスタイルにも大きく関係しているといえるだろう。(23)

(3) イベントとしてのeスポーツ

これまで見てきたように、ゲーム実況という言葉が指し示す対象を厳密に特定することは難しい。稲葉のように、eスポーツやスピードランニングであってもステージ型のゲーム実況に分類する視点もある（稲葉 2015）。浜村弘一は、野球観戦のようにゲームの対戦を観られるようになった昨今、「ゲーム実況とe-Sportsはもう、一体化、背中合わせの関係」と述べる（浜村 2016）。

eスポーツは一九九〇年代のリーグプロモーターによって作られたと思われがちだが、そのルーツはアーケードゲームのハイスコア文化に見出される。アメリカにおける最初のeスポーツ・イベントは、一九八〇年にニューヨークで開かれ約一万人が参集した「スペースインベーダー・トーナメント」（主催：アタリ）(24)で、これ以後、ハイスコア（高得点）を競い合う文化が形成された（Smith, Obrist and Wright 2013）。しかし、そのさらなる先駆者は日本のアーケードゲーム・メーカーであった、とボロウィ（Borowy, M.）らは指摘する。ゲームの大規模イベントはすでに一九七四年、セガの公式大会が東京で開かれていたことが『ヴェンディング・タイムズ（*Vending Times*）』の記事で報じられていた。とりわけ重要なのは、セガがトーナメントを通して競争的雰囲気を作り出し、顧客とのビジネス関係を促進させようとしていたことだった。それはゲームに関わる人びとを結びつけ、イベントによってゲームのコミュニティをまとめ上げる戦略であり、イベント・マーケティングや価値を創出する「経験経済」の先駆けであった（Borowy and Jin 2013）。

イベント・マーケティングとは、単に広告を打つだけではなく、イベントのスポンサーになることで企業イメージの向上を図り、地域と結びつくことで自社製品のプロモーションを展開し、価値を共有しながら顧客と伴走するような経営戦略のことを指す。ここでは営利を追求するだけでは逆効果で、社会貢献や文化支援に対する企業の姿勢が重要になる（Schreiber and Lenson 1994=1996）。このようなマーケティングが登場した背景のひとつには、第一次産業（農業）から第二次産業（製造業）、第三次産業（サービス業）へと移行し、経済が成熟した結果、低成長時代に入ったことがある。そしてモノが売れず、新たな経営戦略が求められる時代に脚光を浴びたのが、第三章でも取り上げられた「経験経済」である。経験経済は、「第四の経済価値」と呼ばれ、思い出に残るような経験を顧客に提供するために舞台を整え（staging）、イベントを演出する（Pine II and Gilmore 1999=2005）。たとえば、一九九〇年代後半に全米各地に登場したゲーム専門店（LANでつながったコンピュータで対戦ゲームがプレイできる店[25]）では、会員限定のトーナメントを開き、客同士が駆け引きを楽しめる空間作りをしていたが、パインⅡ（Pine II, B.）とギルモア（Gilmore, J.）はこうした店舗も経験経済の事例として取り上げている。

これまで見てきたように、eスポーツや経験経済とも結びつくハイスコア文化は、世界に先駆け日本で萌芽したと考えられる。日本ハイスコア協会によれば、各地のゲームセンターで「スコアアタック」という高得点を狙う遊び方が広まったのは一九七〇年代、「スペースインベーダー」（タイトー、一九七八年）が社会現象となった時代のことだ。八〇年代に入ると、ゲーム雑誌に全国各地のゲームセンターで記録されたスコアが集計され、ハイスコア文化が生まれた[26]。『マイコンBASICマガジン』（電波新聞社、一九八二年創刊）や『ゲーメスト』（新声社、一九八六年創刊）、『アルカディア』（エンターブレイン、一九九九年創刊）といった雑誌の誌面上には、ゲームのタイトルと得点者のハンドルネーム、店舗名などが掲載され、全国一位となったプレイヤーは憧憬の対象となった[27]。たとえば、数々のタイトルで全国一位を獲得した「木之本まいん」は、『マイコンBASICマガジン』を読んで、その称号に「強い憧れ」を持ったという。ゲームセンターで「雷電Ⅱ」（セイブ開発）をプレイし、一千万点を達成したさい、三〇人ほどのギャラリーが「大拍手の祝福をくれた」と回想する（坂本・池端2006）。現在、インターネット上には「スーパープレイ」と呼ばれる動画があるが、「そういった魅力的なプレイを生み出す素地を作り出したものこそが、ゲームセンターが育んできたハイスコア文化」（日本ハイスコア協会）なのだという。

こうしたゲームセンターにおけるｅスポーツも、ゲーム実況と背中合わせの関係にある。ゲームの実況は、筆者が確認できただけでも、一九九〇年代からゲームセンターの大会でおこなわれ、その模様を収録したビデオテープやＤＶＤが店舗で販売されていた。当時、よく知られた「バーチャファイター」の格闘ゲーム大会に、「アテナ杯」がある。アテナ杯は、「ゲームスポットアテナ町田店」の山岸勇店長が一九九四年から始めた大会であるが、回数を重ねるにつれ参加人数が増え、店舗に収容できなくなったことから、六本木Ｒ・HALLやディファ有明など、外部の会場で開催するようになった[28]。会場が大きくなれば運営費はかさむ。山岸は、アテナ杯をビデオカメラで撮影し、これを販売した収益で運営費を捻出していた。このような大会で実況がおこなわれていたのである。当初、試合中

Book review

勁草書房

DECEMBER 2020

http://www.keisoshobo.co.jp

表示価格には消費税は含まれておりません。

12月の新刊

ダーウィンが愛した犬たち

進化論を支えた陰の主役

エマ・タウンゼンド 著・
渡辺政隆 訳

進化理論の祖ダーウィンは、犬を生涯の友としていた。一晩で世界を変えた『種の起源』の発想の泉も、愛すべき犬たちだった！

四六判上製 192 頁　本体 2000 円

ISBN978-4-326-75057-3

12月の重版

メタ倫理学入門

道徳のそもそもを考える
佐藤岳詩

善いとか悪いって

実験哲学入門

鈴木貴之 編著

2000年以降の英米

社会科学のリサーチ・デザイン

定性的研究における科学的推論
G・キング、R・O・コヘイン、S・ヴァーバ 著　真渕 勝 監訳

全米で広く用いら

A5 判上製 340 頁　本体 3500 円
ISBN978-4-326-25147-6

A5 判上製 216 頁　本体 4500 円
ISBN978-4-326-40384-4

債務免除益の課税理論

藤間大順

債務免除益に関する課税問題につき、米国法を参照しつつ債務免除アプローチからそのあるべき理論的枠組みを考察した渾身の意欲作。

A5 判上製 304 頁　本体 8000 円
ISBN978-4-326-40385-1

ERIA=TCER　アジア経済統合叢書　第 3 巻

東アジアの経済統合

財・サービス・投資

リリ・ヤン・イング
マーチン・リチャードソン
浦田秀次郎 編
浦田秀次郎 監訳

本書は、世界経済の中で最も急速に成長を遂げている東アジアにおいて、成長の原動力となっている貿易と投資の動向を明らかにする。

A5 判上製 336 頁　本体 5500 円
ISBN978-4-326-50477-0

日本経済政策学会叢書 3

成長幻想からの決別

平成の検証と令和への展望

村上 亨・柳川 隆・
小澤太郎 編

「そのうちまた良くなる」という成長幻想と決別し、日本を覆う閉塞感を払拭するための手立てを着実かつ確実に実行する術を追究する。

A5 判上製 184 頁　本体 2700 円
ISBN978-4-326-54612-1

主婦を問い直した女性たち

投稿誌『わいふ／Wife』の軌跡にみる戦後フェミニズム運動

池松玲子

高度成長期より続く『わいふ／Wife』において、主婦というライフスタイルはどう問われたか。広義のフェミニズム運動として検証。

A5 判上製 360 頁　本体 7000 円
ISBN978-4-326-60331-2

は会話が聞き取れないほどの大きな歓声で盛り上がっていたため、実況を入れていなかったという(29)。実際にアテナ杯の動画を調べてみると、一九九六年三月三一日に開かれた第五回から大会実況の音声が聞き取れる。

インターネットの掲示板には、サーバーに置かれた動画ファイルへのリンクが貼られ、二〇〇〇年代後半に動画共有サービスが始まる以前から、プレイ動画が観られていた。大須晶は、格闘ゲームで初めてライブ配信されたのは、おそらく二〇〇三年四月に開催した全国大会「格闘新世紀Ⅱ」からで、セガ店舗限定の配信だったと回想する(30)。つまり、ゲームセンターでのゲーム実況は、家庭用やPC用のゲームを使ってインターネットで配信するゲーム実況に先行していたのである。

動画共有サイトを利用して最初に配信を始めたのはどこの店舗か不明であるが、格闘ゲームの配信を早い時期から始めたゲームセンターとして、「ゲームニュートン」や「中野ＴＲＦ」などが挙げられる。中野ＴＲＦ店長の長山義貴によれば、二〇〇八年ごろにスティッカム（Stickam）で配信を始め、二〇〇九年からニコニコ生放送で中継をするようになった（二〇一六年三月二五日取材(31)）。当初、ニコニコ生放送のコメントは荒れることが多く、プレイヤーの要望もあり、ユーチューブに鞍替えする店舗が続出したという。そうしたなかでも、中野ＴＲＦはニコニコ生放送で配信を続けた。大会実況中は、視聴者の酷いコメントに気持ちを引きずられないようにして、むしろ視聴者のコメントを拾い、時にはいじる（面白い返しをする）ことで、楽しい雰囲気を醸成させていった。視聴者が増えれば、大会参加者の意欲も上がる。中野ＴＲＦのファンとなった視聴者たちは、酷いコメントが書き込まれた時には大量のメッセージで画面を埋め尽くして目立たなくさせた。視聴者を排除するのではな

図表4－1　ゲームイベントとゲーム実況関連年表（略史）

年	出来事
1974	【日／イベント】「セガ TV ゲーム機全国コンテスト東京決勝大会」（於：Hotel Pacific）
1977	【日／イベント】「全国横断テーブルテレビゲーム選手権」（主催：IPM）ブロック崩し
1980	【米／イベント】「Space Invaders Tournament」（主催：Atari） 【米／テレビ番組】『That's Incredible』（ABC）
1981	【米／店舗】「Twin Galaxies」創業
1982	【米／テレビ番組】『Starcade』（WTBS） 【日／雑誌】『マイコン BASIC マガジン』（電波新聞社）創刊
1983	【日／雑誌】『ビデオコレクション』（東京ニュース通信社）創刊。東京地区のハイスコア集計 【日／雑誌】『アミューズメントライフ』（アミューズメント）創刊。全国版ハイスコア集計 【日／テレビ番組】『パソコン宇宙大作戦～アイドルを救え』（TBS／提供セガ） 【英／イベント】「Computer & Video Games 1983 Arcade Championships」（於：Xenon）
1984	【日／雑誌】『マイコンスーパーソフトマガジン』（マイコンベーシックマガジンの別冊付録）全国ハイスコア集計開始 【日／イベント】「ハイパー・オリンピック　ビデオゲーム決勝大会」（於：九段南ビル）
1986	【日／雑誌】『ゲーメスト』（新声社）創刊
1988	【米／雑誌】『Nintendo Power』（Nintendo of America）創刊
1990	【米／雑誌】『SEGA Visions』（Sega of America）創刊
1992	【日／イベント】「ストリートファイター 2　チャンピオンシップ92」（於：両国国技館）
1994	【日／イベント】「アテナ杯」（於：ゲームスポットアテナ町田）
1995	【米／イベント】「Evolution（EVO）」
1999	【日／雑誌】『アルカディア』（エンターブレイン）創刊。2000年月刊化
2003	【日／イベント】「闘劇～SUPER BATTLE OPERA」（於：幕張メッセ）DVD 販売も 【日／イベント】「格闘新世紀Ⅱ」（於：有明 TFT ホール）ライブ中継も 【日／テレビ番組】『ゲームセンター CX』（フジテレビ）
2004	【日／配信ツール】「PeerCast」によるゲーム実況
2005	【米／ウェブサイト】「YouTube」公開 【米／ウェブサイト】「Stickam」公開
2006	【日／ウェブサイト】「ニコニコ動画」公開
2007	【日／家庭用ゲーム】「アイドルマスター」（Xbox360）の MAD がネットで流行
2011	【米／ウェブサイト】「Twitch」公開
2012	【日／イベント】「ニコニコ超会議」（於：幕張メッセ） 【日／イベント】「超闘劇」闘劇とニコニコ超会議との共同開催
2013	【海外／ゲーム機】「PlayStation4」（ソニー）、「Xbox One」（マイクロソフト）
2014	【日／ウェブサイト】「OPENREC」公開
2015	【日／イベント】「闘会議」（於：幕張メッセ）
2016	【日／ウェブサイト】「日本ハイスコア協会」公開

注：【国名／種別】「名称」の形式で記載する
出典：各種資料を参照し、筆者が作成

く、巻き込んでいく実況方法を確立させていった。

3　ゲームセンターにおけるゲーム実況

(1) ゲームセンターの観光地化

薄暗い店内の階段を上りきると、フロアは肩が触れ合うほどの人混みだった。いくつものゲーム筐《きょう》体《たい》からこだまし合うかのように流れるゲームサウンド。熱を帯びた実況の声とともに歓声が上がる。

この日、「高田馬場ゲーセン・ミカド」（以下、ミカド）では、「サムライスピリッツ天下一剣客伝」（SNKプレイモア）、「サムライスピリッツ零スペシャル」（SNKプレイモア）、「スーパーストリートファイターⅡX」（カプコン）、「ギルティギア・イグザード・サイン」（セガ・インタラクティブ）といった格闘ゲームの大会が同時に開かれていた。EVOや闘劇で優勝した経歴を持つ猛者をはじめ、全国から腕に覚えのあるプレイヤーが参集し、会場は熱気で包まれていた（二〇一五年五月三日取材）。

対戦の模様は、店内の壁に掛けられた大きなスクリーンやモニタに映し出され、ユーストリーム（USTREAM）やニコニコ生放送、ツイッチで配信された。実況・解説席も設けられ、店員だけでなく常連客が実況をおこなった。ミカドは「ギルティギアの聖地」と呼ばれ、強豪プレイヤーが集まることで有名だが、ほかにもシューティングや格闘ゲーム、体感ゲームなどの往年の名作がそろい、毎日のようにさまざまなタイトルの大会が開かれる。

「サムライスピリッツ」は、二〇年以上前に発売された、剣で斬り合う格闘ゲームである。一九九三年に稼働し、二〇〇八年までに一〇作品が発売された人気シリーズだ。今では、ほとんど見かけなくなったタイトルだが、ミカドでは「侍大戦二〇一五」と題して、サムライスピリッツ全シリーズの大会を三日間通して開催。[32] 常連客のひとり「しにかけ」の発案だった。競技者として参戦するだけでなく、一日目と三日目のメイン実況者を務めた。しにかけは、二日目の「サムライスピリッツ閃」(SNKプレイモア)で優勝、「サムライスピリッツ零」で準優勝した巧者である。この日も長年プレイした経験を生かして実況を盛り上げていた。二日目のメイン実況者は、店長の「イケダミノロック」こと池田稔。場を盛り上げ、その雰囲気を伝えることに長けた実況をおこなう。ほかにもミカドでは「じょにお」や「八丁堀」、「アキラ」など、店員、客を問わず、数多くの人たちが毎日のように実況をおこなっている。

配信された動画は海外でも観られ、強いプレイヤーとの対戦を求めて、各国からゲーマーが来日することでも知られる。日本の文化としてのゲームセンターやレトロゲームが海外のメディアに注目されるなか、ミカドは二〇一四年にフランスのテレビ局二社から取材を受け、日本のテレビ局も、対戦を目当てに外国人が来日する店として報じた。[33] 海外のプレイヤーたちは、インターネットで動画を視聴し、強豪プレイヤーに憧れ、対戦するためにドバイやイスラエル、フランスなどから日本にやってくる。今やゲームセンターは「観光地」なのだという。[34]

海外だけでなく、ミカドのイベントには北海道から沖縄まで、全国のプレイヤーが集まってくる。こうした現象は、インターネットで動画を配信できるからこそ、顕在化したといえるだろう。もっとも国内においては、ネットの普及以前から、強い相手を求めて遠征する人びとの存在が確認されていた。かつて格闘ゲーム「バーチャファイター」の開発元セガから「鉄人」の称号を与えられた佐竹崇（キャサ夫）は、それを「遠征文化」と呼び、シューティングゲームで高得点を狙うスコアラーたちによって生み出されたと語っている（大塚 2015）。全国一位のプレイヤーを輩出した店舗は、雑誌に掲載されて知名度が上がり、スコアラーを呼び寄せた。

こうした現象はスコアだけでなく、さまざまな要因が重なって成立する。一九九〇年ごろ、東京都町田市のゲームセンター「キャッスル」は、スコアラーにとっての「聖地」だった。店内のハイスコアボードには、高得点を獲得したプレイヤーの名前と点数が掲げられ、そこにイラストも添えられた。店長の山岸勇は絵を描くのが上手く、多くのスコアラーたちは彼に自分の名前を描いてもらうことに喜びを感じていたと、みずから全国一位の称号を持つ佐竹は回想する（大塚 2015）。のちに対戦格闘ゲームのブームが到来すると、腕に自信のあるプレイヤーは対戦相手を求めて他店舗へ遠征するようになった。

インターネットで動画を配信し、テレビや雑誌といったマスメディアへの露出を増やすこと[35]で店の知名度を上げ、ブランディングすることで、ゲームセンターは聖地化、観光地化していく。立地条件や他店舗のラインナップを考慮に入れながら、どのようなタイトルを置くか、ゲームレベルをいかに設定するか、つまり店の特色をどのように押し出すかで、集まるプレイヤーも異なれば、その店で流行るゲームも様変わりする（加藤 2014）。「侍大戦」のように、店独自のイベントを開催することでゲームファンの関心を引き寄せ、場を盛り上げていく活動は、企業による舞台演出（ステージング）の側面もあるが、客の積極的な企画提案によって成立していく側面もある。

(2) ゲームセンターのイベント運営

ミカドの店長・池田稔（四二歳）は、アミューズメント施設の運営や業務用機器を扱う中小企業に二〇年近く勤め、業界の先行きに不安を覚え始めた一九九六年ごろから、大企業のメーカー直営店にはないイベントや企画、サービスを考えながら店舗を運営してきた（二〇一六年四月二六日取材）。店舗を経営していくためには、一回一〇〇円しか入らないゲームからどうやって利益を上げるかを考えなければならない(36)。

業界では、大会の時にしか人が集まらず、平日に客が少ないことを嘆く声がよく聞かれる。逆に言えば、大会を開けば毎日客が来るだろうと、池田は二〇一二年からほぼ毎日、ユニークなイベントを続けてきた。たとえば、「ストリートファイターカーニバル」では、一カ月間ほぼ毎日トーナメント大会を開き、優勝者にポイントを与え、その点数の獲得ランキングで総合優勝者を決定する。大会に使われるのは、主に古い格闘ゲームに限られ、普段は収益の低い筐体で売り上げを伸ばすことができる。こうした大会を店は毎日のように企画しており、池田の軽快なゲーム実況がネットで配信されている。

そのほかにも客の提案、企画、運営でおこなわれるイベントもある。先述した「侍大戦」は、しにかけ（三五歳）がツイッターで思いつくままに綴ったアイデアが契機となった。その書き込みを見かけた店員が、しにかけに声をかけて実現した（二〇一五年六月六日取材）。「サムライスピリッツ」全タイトルを大会用にそろえるのは難しいはずだが、「やろうぜと言って実際にやってくれた」のがミカドだった。

図表４－２　「ミカド大感謝祭」でおこなわれたゲーム大会

出典：執筆者撮影

また、千円の入場料を支払うことで四五台が六時間遊び放題の「ミカド大感謝祭」も、客が企画運営したイベントである（第二回を二〇一五年六月七日、第五回を二〇一六年二月二三日に取材）。参加者にとっては、五〇円のゲームなら二〇回遊べば元が取れる。第二回は二一五人が参加し、初回に引き続き盛況となった（図表４－２）。大感謝祭の特徴は、常連客が一台一時間千円でレンタルできるサービスを利用して、自分の好きなゲームで「出展」する仕組みを採用している点だ。このイベントで出展者に金銭的な利益が生じたことはない[37]。それにもかかわらず、客が出展するのはなぜか。

大感謝祭は、常連客のアキラ（三五歳）の呼びかけに、ミカド内の各コミュニティのリーダー（中心人物[38]）たちが応じることで実現したイベントだった（二〇一五年六月七日取材）。日ごろからリーダーは全額自己負担で筐体をレンタルし、誰でも無料で遊べるフリープレイをたびたび実施している。出展者たちは、それぞれに思い入れのあるゲームをより多くの人に遊んでもらいたいと願う。彼らが出展を決めたタイトルは、いずれも古いものばかり。新規のプレイヤーが増えず、飽きられてしまえば対戦相手を見つけられず、ひとりで遊ぶしかない。各地のゲームセンターが減少していくなか、行きつけの店舗が閉店し、仲間が散り散りになることもある。だからこそ「またコミュニティを失いたくない」という思いで、リーダーたちはフリープレイ対戦会を催す。アキラも、しにかけも、そうしたリーダーのひとりだった。

他方でアキラは、フリープレイの時しか参加せず、店の利益に一切貢献しない客を問題視しており、少額でも料金を支払う仕組みが必要と考えていた（二〇一六年二月二七日取材）。このような参加者のなかには、初心者にまったく配慮しない戦い方をする人もいる。より多くの人に遊んでもらい、新規プレイヤーを開拓したいと願うリーダーにとっては、由々しき問題となる。またひとりに金銭的負担のしわ寄せがいけば、そのリーダーが何らかの理由でいなくなった時、コミュニティも消えてしまう恐れがある。こうしたなかでアキラは、店のなかでバラバラに開かれているフリープレイ対戦会をひとつにまとめ、お祭りの雰囲気を盛り上げ、参加者にも千円を負担してもらうことで面白いイベントになるのではないかと考えた。「遊ぶ場所を維持するために協力したい」――そうアキラは語る。

しにかけは、「サムライスピリッツ」の二次創作小説を書いていることもあって、同タイトルに強く愛着を感じるという。しかし、彼が同作品に長らくこだわり続けてきたのは、何よりもこのゲームを通じて知り合った友人たちの存在があったからだという。ずっとひとりでゲームをやっていた彼に、初めてゲーセン仲間ができたこともあれば、ゲームが下手だったころにネット上で罵詈雑言を浴びせられ、行きつけの店舗を離れたことも、毎週のように大会を企画し盛り上げていた店が閉店してしまったこともある。しにかけがイベント企画に携わるのは、仲間が「集まる機会をちゃんと残したい」からだという。つまり、ゲームセンターという場が大事なのは、ゲームがあるからではなく、リアルな空間で人とのつながりを媒介するからである。

ミカドは、タイトルごとに細分化したコミュニティの成員をゲストに迎えてトークをする「激刊ミカド学園」のほか、一カ月の出来事や活躍したプレイヤーをランキング形式で発表する「月刊ミカド事件簿」といったイベントを定期的に開催し、ライブ中継をおこなっている。イベントの構成作家は、ライターの大塚ギチ(39)が務め、池田店長や常連客を交えてゲーム関連の話題を中心にトークを繰り広げる。二〇一四年に始まったミカド事件簿は、店内で毎月開催していたが、参加者が多くなり通常営業に差し障りが懸念されたため、新宿ネイキッドロフトに会場を移した。チケットは即日完売になるほど人気がある。

池田が常連客に焦点を当てたトークイベントを開催するのは「お客さんに対するサービス」であり、そのサービスとは「褒める」ことだという。いくらゲームが上達しても褒められることは稀だ。「親にも先生にも上司にもなかなか褒められることないんで、せめてゲーセンの兄ちゃんに褒められるのもいいな、なんて思って」。そう語る池田にとって、ミカド学園やミカド事件簿は、大会で優勝し活躍したプレイヤーに光を当てて、表彰する舞台なのだ。コミュニティを囲い込む経験経済とも受け取れるが、彼がそこまで客を思いやるのは、ビジネス上の理由だけではなかった。

池田は二〇〇四年に独立し、ゲーム攻略ＤＶＤやサウンドトラックＣＤを制作する株式会社ＩＮＨを立ち上げたものの、不況続きと動画共有サイトの隆盛でＤＶＤが売れなくなっていった。主業務をゲームセンター運営に切り替え、新宿で約一年半、その後、高田馬場へと移転するも、東日本大震災で経営が傾く。「電気を使うな」という脅迫電話を毎日のように受け、客が来なくて早めに店を閉めたら、空き巣に両替機の金銭を持ち去られた。借金の返済がままならず、店をたたむことも考えた。だが、そうした苦しい状況にあっても毎月、来店してくれる客の数が増えていくのを目の当たりにして「ありがたいなっていう感謝の気持ち。今までそれ忘れてたんだな」と気付かされた。

小さかったころ、ナムコのゲームでハイスコアを獲って一位になった時、耳慣れない初めて聞く曲が流れた。池田少年はその時、「ゲームから褒められた感じがした」という。それは、一位を獲得したものだけに贈られる祝福の曲であった。「ディグダグ」、「ギャラガ」、「ゼビウス」……。「本当にすごいゲームを作っている人っていうのは、人を楽しませることを考えていますね」。ゲームセンターはエンターテインメント――それが池田の持論だ。彼のゲーム実況は、遊びの場を盛り上げると同時に、その楽しい雰囲気を伝え、何よりも客を褒めることを心がけている。そして、ゲーム実況を視聴した人びとのあいだで、巧いプレイヤーの噂が連鎖するように広がっていく。「ゲームセンターに来れば誰でもヒーローになれる」。「そんな場所にしたい」と池田が笑った。

4　巨大ゲームイベントとコミュニティ

(1)　人とのつながりを求めて

大会に優勝するほどの腕がなければ褒められないのであれば、誰もがヒーローにはなれない。ミカドでは、技術を必要としない恋愛ゲーム「ときめきメモリアル」の大会を開き、腕に自信のないプレイヤーでも気軽に参加し、楽しめる雰囲気を作り出す。とりわけ注目されるのは、負け上がりトーナメント方式を採用して、一番負けた人が「最強」という価値転換を図ることさえしている点だ。そればかりか、誰がもっとも美しいわた菓子を作れるか、誰がいちばん速くアイスを食べられるかといった、もはや、ゲームとはまったく関係のないイベントも開いている。それでも人が集まり、大会が成立するのは、ミカドに行けば何か面白いことが起きるのではないかという期待と、それを共有してくれる仲間がいるからである。

インターネットでプレイ動画を視聴するだけで、誰もが満足するわけではない。それは闘会議などゲーム実況者のイベントに足を運び、みずから関わろうとする行為にあらわれている。たとえ演出されたものだとしても、そこに価値を見出し、何かを経験したいと望む。ビジネスの世界で経験経済が注目されたのにも、それなりの理由があるだろう。しかし、企業の仕掛け通りに人びとが乗るとは限らない。冒頭で触れたオンラインゲーム「ダンジョンストライカー」は、闘会議で高額賞金を賭けて大会を開いたものの、わずか三カ月後にはサービスが終了した。戦略的にイベントを展開しても、必ずしも成果が上がるわけではない。そして何よりも、巨大ゲームイベントにおいて場を拠り所とするコミュニティ形成の難しさがそこから見て取れる。闘会議で高額賞金が賭けられた「モンスターストライク」のチャンピオンシップを観戦していた三人組の少女たち（一四歳）は、自分たちの好きなゲーム実況者を目当てに参加したという（二〇一六年一月三一日取材）。同じ学校の友人同士で連れ合うことはあっても、ニコニコ動画の有名ゲーム実況者を眺めるだけで、イベントが終了してしまえば家でゲーム実況を観るだけの日常に還る。

冒頭で取り上げた闘会議のような巨大ゲームイベントは、一年に一度限りの祭典として開催されるため、ゲームで遊び、有名ゲーム実況者のイベントを観ても、そこに集まる人びとは匿名の存在に過ぎず、イベント終了後は霧散してしまう。会場内では、任天堂の携帯ゲーム機であるＤＳシリーズの「すれちがい通信」⑷⑽などを通じてコミュニケーションをとる機会はあるものの、流動性が高いため、そこが居場所として機能することは難しい。

それに対して、ゲームセンターにおけるイベントは、常連たちが日ごろから通っている固定された場所で定期的に開かれる。ゆえに、ゲームを介してコミュニティが形成されやすい。巨大ゲームイベントであっても、そこで開かれる大会が各地のゲームセンターのコミュニティをベースにしている場合は、様相が異なる。イベント終了後も各地のゲームセンターでコミュニティは維持され続けるからだ。かつて「史上最大規模のゲーム大会」といわれた闘劇は、全国二一一店舗のゲームセンターで地方予選をおこなったあと、幕張メッセに会場を移して決勝大会を開催していた。中小規模のゲームセンターの存続が厳しくなるなか、対戦型格闘ゲームの総合大会を開くことで、各店舗を含めた業界全体の活性化を狙ったイベントこそが闘劇であった。それは、格闘ゲームを見放してメダルゲームやプリクラといった大型マシンを中心に据えた大手ゲームセンター・大店舗に対する「アンチテーゼ」であり、大会を形作るものとして重視されていたものは「コミュニティスペース」であった。そこでは、巨大イベントを開催し「年に一回のお祭りの打ち上げ花火」をすることだけでなく、中小規模の店舗が独自に大会を開き、「地元の聖地」（山岸）になることを望んでいた。(41)(42)

それでは、なぜ全国規模の大会を開くことが、各店舗の活性化につながるのだろうか。闘劇の立役者のひとりで、「ゲームニュートン」の店長であり、アミューズメント事業のほかにイベント事業も手がけるユニバーサルグラビティーの代表取締役・松田泰明（四一歳）は、こう説明する（二〇一六年三月六日取材）。あるタイトルの全国大会を開くと、プレイヤーたちは優勝を目指して練習に励む。すると練習場所は地元のゲームセンターであるため、大会開催までの期間、各地の店舗の利益が上がる。さらに、大会には個人戦もあれば団体戦もあり、そこでプレイヤーたちは互いに対戦して交流を深めていくために、コミュニティが活性化するのである。

二〇一二年に闘劇が閉幕して以来、全国規模のアーケード専用の大会がなくなってしまったものの、松田はゲームメーカーに声をかけ、メディアに頼らず独自に全国大会を開いていくことを提案してきた。オペレーターとメーカーだけでなく、大会を配信する動画共有サイトも巻き込んで、それぞれが利益の出る仕組みを構築していった。(43)もっとも、千人のプレイヤーが集まる大会で参加費を三千円に設定したとしても、収入は三〇〇万円にしかならない。イベント会場費、施工費、スタッフの人件費などで、ほぼすべて消えてしまう。会社の稼働費（営業、打ち合わせ費用など）までは賄えないため、各スポンサーから合計一〇〇万円ほどを提供してもらっているが、半年の稼働期間でその半分は消えてしまう。イベントの華やかさに比べて、収入はさほど大きくない。それでも松田が全国大会を企画するのは、アーケードシーン全体を見据えて、この業界を活性化させ、守っていきたいと願うからだ。

アミューズメント産業の市場規模が縮小傾向にあるなか、ゲームセンターを経営してきたほかの店の仲間たちは次々と廃業していった。その数は約二〇〇軒にも及ぶ。だが、その仲間たちは廃業したにもかかわらず、松田がイベントを立ち上げるさいには、スタッフとして協力するため会場に駆けつけてくれる。ゲームについて何も知らないイベント会社による大会は混乱を招くだけだが、彼の運営するゲームイベントは、こうしたゲームのプロ集団によって支えられている。「ゲームがほんと好きなんですよ。なんでその文化がなくなっちゃうの嫌じゃないですか。だから何としてでも残したいというのがあるし」。そう語る松田は、小学校のころからゲームセンターに毎日通い、時には有志のひとりとしてゲームイベントを企画し、多くの仲間たちを得てきた。「僕はゲームセンターに育ててもらったから、ゲームセンターに恩返しをしたい」。何よりも多くの店が廃業していくなか、店に来てゲームを遊んでくれるプレイヤーたちに支えられて今の自分がある。そうしたプレイヤーたちの場所を守り、恩返しするために、アーケードシーン全体を活性化する取り組みを松田は続ける。言い換えるならば、その取り組みは、利益を追求するためだけの施策ではなく、プレイヤーにとって「居心地のいい空間」を提供すること、すなわちコミュニティを維持し、ゲームセンター文化を守ることにあった。

(2) まとめ

本章では、インターネット固有の文化として捉えられがちなゲーム実況が、ゲームセンターを取り巻くメディア空間のなかで生成してきたことを示したうえで、ゲーム実況とeスポーツ、イベントが混然とするなかで、イベント・マーケティング的な視点に回収されない、ゲームセンターにおけるゲーム実況の様態を明らかにした。ゲーム実況は、法に触れる恐れがある行為だが、個人の創造的活動から企業の想定しない利用形態が生まれることもある。その活動自体が販売を阻害する要因にもなりかねない一方、別の文脈で新たな価値を生み出すこともある。

ミカドのゲーム実況は、店舗の宣伝のためではなく、その場を共有する参加者たちのためにおこなうものであり、ゲームが上手くない人にも光を当てるための手段のひとつであった。それは大会を開くことで利益を追求する経験経済的な側面がある一方で、ビジネスと割り切れないイベント運営に携わる人びとの思いや願いが折り重なる地点で生成していた。そうした大会運営が独自のコミュニティを形成し、インターネットの動画を介して世界へと広がりを見せたのは特筆に値する。そこにはゲーム実況を観ることの楽しさに加え、その場に自らの身体を置き、巧みなステージングを経験したいと思わせる魅力があるからこそ、「遠征」や「観光」へとつながっていく(44)。松田らが運営する大規模なイベントにおいても、そのベースは各店舗に形成されたコミュニティであった。

二日間で四万人もの人びとが集まる闘会議、あるいはニコニコ超会議においては、匿名的な関係のなかで流動的になりがちであったものの、参加者のあいだで場を共有したいという欲望が垣間見られた。ゲーム実況の魅力のひとつは、まるで友人と隣り合って一緒にわいわいゲームをプレイしているかのような感覚を味わえることにあった。そこから推察されるのは、物質的な場に身体を置くことができない環境にあって、ネットが代理的なコミュニティとして機能しているのではないかということだ。通勤通学の時間が長く、友人の住んでいる場所が遠距離だった場合、小学生の時のように誰かの家に集まって遊ぶことができない。近所にゲームセンターのない田舎に住んでいる人は、巧みなプレイを間近で見ることはかなわない。ゲーム専門店も減少し、情報交換の場さえ失われてしまった。そうした人びとにゲーム実況は、ゲームに関する情報を与え、ネット上に代理的なコミュニティを形成する契機ともなり、闘会議という年に一度の祭りを準備する。それは日常的に集まることができる場に依拠したコミュニティと比べると強度の低いものになりがちであるが、だからこそ人とつながることのできる場を希求する心理を生み出すともいえる。

ゲーム実況という文化の背後には、自己表現や自己承認はもとより、人とのつながりを求める人びとの存在があった。その人びとをつなぐ「場」が何よりも重要になる。ゲームセンターという場は、霧散してしまいそうな緩やかな人びとのネットワークにかたちを与える。ひとりで遊んでいてもハイスコアを通じて自己を誇示し、他者とつながる。対戦して遊ぶなかで仲間意識を持つ。そこで形成されるコミュニティは、必ずしも企業によって用意されたものではなく、自分たちで競技会や交流会などのイベントを開催し、そこにかかわっていくなかで維持されていく。ゲーム実況は、このようなゲームセンター文化のなかで成立したのである。

注

(1)ドワンゴが提供する動画共有サービスは、二〇一二年五月より「ニコニコ動画」から「niconico」に名称変更した。名称変更後も「ニコニコ動画」はサービスの総称として使われるが、より厳密に投稿動画を「ニコニコ動画」、ライブ中継を「ニコニコ生放送」と区別している。次に、インターネットの動画配信技術の用語を簡単に整理しておく。従来、ネットで動画を閲覧するさいは、あらかじめ動画投稿者がサーバにアップロードしたデータを、視聴者が自分のパソコンにダウンロード（転送）・保存してから再生する方式を取っていた。この方式ではダウンロードを完了したうえで動画を再生しなければならないため時間がかかる。これに対して、ダウンロードしながら再生することで、すぐに視聴できる方式をストリーミング（端末にデータが残らない）と呼ぶ。さらに、テレビの生中継のように配信者が同時進行で録画と配信をおこなう形式を「ライブストリーミング」と呼ぶ。本章で「ライブ中継」と記述した場合は、ライブストリーミングを指す。また、混乱して用いられている用語としては、「動画共有」と「動画配信」がある。動画共有サイトは投稿者がアップロードした動画を再生し、動画配信サイトは事業者が製作したドラマなどの映像を有料で提供するものとして区別される。しかし、一般的に動画投稿者を「動画共有者」とはいわないため、本章では動画投稿の行為者と行為そのものを指して「動画配信（者）」という呼称を適宜用いる。なお、社名は変更されることも多く、長過ぎるイベント名もあるので、短縮しても一般に通る社名やイベント名は適宜、短縮名で記す。

(2)ニコニコ動画の視聴者数は累計のため、実際の視聴人数よりも多めにカウントされることに留意されたい。たとえば、一旦回線が切断され、しばらく（一分以上）してから再接続するとカウント数が増える。

(3)伊豫田（2014）によれば、ニコニコ動画において動画再生数と生放送番組数が最も多いのは、ゲームを扱ったものである。二〇一四年七月時点で生放送番組数は一七一万件で、全体の五二％を占めるという。

(4)ツイッチの前身は、ストリーミングプラットフォームのJustin.tvである。『2016ゲーム産業白書』によれば、そのなかで最も人気の高かった配信カテゴリーがゲームであった。

(5)「Top 100 YouTubers by Most Viewed」(https://socialblade.com/youtube/top/100/mostviewed 最終閲覧日：二〇一六年六月一三日)を参照。

(6)ゲーム実況愛好会編(2011)のインタビュー記事を参照すると、ゲーム実況者の多くは、ゲーム映像の配信が「権利侵害」(ゲーム実況者・南風の発言)に当たることに自覚的である。たとえば、ゲーム実況者コンビ「塩と胡椒」の塩は、発売直後のゲームを配信することはネタバレになるため避けているものの、「ゲーム実況なんてみんなグレー」と語っている。なお、実際に二〇一一年、ゲーム制作会社のAileは自社製品のゲームプレイ動画をアップしたニコニコ動画ユーザーのひとりに対して、訴訟を視野に入れて戦うことを宣言した。その後、投稿者がAileに示談金を支払うことで和解した。

(7)東京都中野区で開催された「マグフェスタ(MAG Festa)」の特設ステージでは、「ゲーム実況者ステージショー」が催され、ニコニコ動画で人気のある六人の実況者が登壇した。実況者のなかには、サングラスやマスクで顔を隠す者がいた。ショーの開演を待つあいだ、筆者の前席にいた女性客は、「初めて顔が見られるね」と友人に嬉しそうに話していた(二〇一四年一一月三〇日取材)。またゲーム実況者の「ブンブン」は、自身が過去にストーカー被害を受けたことがあり、身元が割れる危険のある顔の露出とライブ中継を避けているという(「ゲーム実況中の人」の中の人編 2012)。

(8)もっとも広告費用対効果を正確に測ることができないため、各企業の内部でもゲーム実況に対する意見は分かれる。企業の意見は、ゲーム実況愛好会編(2011)を参照されたい。

(9)岡本(2009)、バンダイナムコエンターテインメント監修(2016)を参照。なお、二〇〇七年九月時点でXbox360のダウンロードコンテンツ売り上げにおいて世界三位を記録した。

(10)ゲーム実況愛好会編（2011）がおこなった調査によれば、二〇七人中、男性四五％、女性五五％で、一七歳以下一九％、一八〜二二歳五七％、二三歳以上二四％である。飯田（2015）は、都内の中高大学生二七二人を対象にアンケート調査をおこなっている。それによると、ニコニコ動画の好きなカテゴリーでゲーム実況を挙げた者は、男子二五％、女子九％であり、学校のクラスに三、四人はいる「普通の趣味」であるという。なお、いずれの調査もアンケートの実施方法などが不明で、信頼性に欠ける点があることは留意したい。また、『ファミ通ゲーム白書2015』によれば、職業別の動画サービス利用では、「事務・技術職」が「学生」［原文ママ］と「大学生・その他学生」を超えている。

(11)『ファミ通ゲーム白書２０１６』によれば、二〇一五年の全世界におけるゲームコンテンツ市場規模は、八兆二六六七億円である。そのうちパッケージゲーム（家庭用・ＰＣ）市場規模が一兆三〇八〇億円（一六％）、デジタル配信ゲーム（モバイル・家庭用・ＰＣ）市場規模が六兆九五八七億円（八四％）である。日本では、パッケージ市場が一九〇九億円、デジタル配信市場が一兆三八一億円となっている。

(12)『テレビゲーム産業白書〈２００２〉』に記載されている一九九八年から二〇〇一年までのデータによると、ゲーム専門店が商品を仕入れるさいに情報源としていたのは、ゲーム雑誌（九割弱）であった。ゲーム専門店とゲーム雑誌はほぼ同時期に、連動するかのように減少していったことがわかる。

(13)応募条件のひとつは、発売前の期日までにプレイ動画を作成することであった。そのプレイ動画は、発売当日にニコニコ動画と「テラリア」公式サイトにて公開された。

(14)いずれも二〇一三年に海外で先行発売された。

(15)『月刊アミューズメント産業』二〇一五年一一月号。

(16)『２０１６ゲーム産業白書』によれば、ツイッチは通販サイトのアマゾン（Amazon）と連携しており、海外では配信された動画を見た視聴者が即座に商品を購入する流れが起きている。

(17)「ＥＶＯ（Evolution Championship Series）」は、世界規模の格闘ゲーム大会。一九九五年にアメリカのニューヨーク市ブロードウェイのゲームセンターでおこなわれた四〇人規模の大会に始まり、全米各地を転々として開催されていたが（Crecente 2008）、二〇〇二年に現在の名称となった。現在は毎年ラスベガスで開催され、一六年にはプレイヤーだけで約一万五千人を集めた。一八年には、日本で「EVO Japan」が開催されることが決まった。闘劇は〇三年から一二年までエンターブレイン主催で開催された、全国規模の格闘ゲーム大会。一二年にスタートしたニコニコ超会議との合同開催として、「超闘劇」と題した特別枠の予選会をおこなった。

(18)クライアントサーバを用いず、複数のコンピュータが一対一の対等な接続状態にあること、あるいはその技術を用いたソフトウェアを指す。

(19)日本におけるゲーム実況の歴史について詳細に扱ったものは見当たらず、金田（2009）や飯田（2015）などインターネット上の記事を参照しているものが多い。略史については稲葉（2015）が参考になる。

(20)ゲーム実況愛好会編（2011）、「ゲーム実況の中の人」の中の人編（2012; 2014）を参照。

(21)プレイ動画には、厳密にはゲーム実況に当てはまらない、しゃべりのない動画もあるが、一定の視聴者を獲得している（飯田 2015）。

(22)スポーツと遊びの関係は加藤（2016）を参照されたい。この論考はｅスポーツにつながる理論的な考察を含んでいる。また、テレビゲームをスポーツとして捉えた論考には、松田（2001）などがある。

(23)スミスらは、ゲーム実況においてプレイヤー／パフォーマーの「声」が非常に重要であると論じる。完全攻略ガイドは、ゲームの攻略方法を視聴者に教えることに注力するが、ゲーム実況ではゲームでの経験を語るものとして区別する（Smith, Obrist and Wright 2013）。しかし、解説であっても声が入ることによって、ゲーム実況と捉えられることもある。日頃からゲーム実況などの動画をよく視聴しているTN（一六歳）に協力してもらい、完全攻略ガイドDVDの『THE FLASH DESIRE RAIDEN　雷電Ⅲ』（INH）を視聴してもらった。このDVDは、解説音声の有無を選択できるようになっている。TNは、まず音声なしの映像を見て「攻略動画」であると判断したが、次に音声ありの映像を見て「ゲーム実況」と判断した。TNは「攻略動画はゲーム実況になるし、ゲーム実況は攻略動画になる。（音声が入っていれば）そのふたつに違いはないよ」と語った。その後、スミスらのゲーム実況の定義を伝え、改めて感想を聞くと「言ってることは理解できるけど納得できない。そんなに細かく分けてどうするの?」と答えた（二〇一六年八月一日取材）。なお、本章においてインフォーマント（情報提供者）の年齢は、取材時点を記載している。

(24)この大会では、アタリの家庭用テレビゲームの移植版が用いられた。

(25)「ゲームセンター」と訳されているが、原文にarcadeとは書かれていない。

(26)すべての店舗がスコアを集計しているわけではなく、スコアラーはスコア集計店でプレイする必要があった。雑誌『ゲーメスト』でハイスコア個人申請が始まり、より多くのスコアラーが参入しやすい環境が整った。なお、『アルカディア』二〇〇二年六月号によれば、ハイスコアに関する情報交換を目的に店同士で交流し遠征も活発になるが、その反面、店舗間での競争が激化して険悪になることもあった。

(27)おそらく日本で最初にスコア集計をおこなったのは、『ビデオコレクション』であるが、全国規模でスコアを集計したのは、『アミューズメントライフ』誌上であるという（大堀・見城・安部 2016）。各誌を調べてみると、一九八三年一月に創刊された『ビデオコレクション』誌上で、新宿歌舞伎町のゲームセンター、スターダストのハイスコアが紹介され、同時に全国のハイスコアラーが募集されたものの、同誌では全国集計までには至らなかった。その三カ月後、『アミューズメントライフ』四月号が「今月のハイスコア告知板（全国版）」のコーナーを始め、五都市五店舗のスコア集計を実施している。本格的に全国集計を展開したのはパソコン用プログラムを掲載していた『マイコンBASICマガジン』一九八四年一月号の別冊付録『マイコンスーパーソフトマガジン』（一六都道府県二七店舗で集計開始）である。その後、ハイスコア集計はアーケード専門誌の『ゲーメスト』も始め、そして『アルカディア』へと引き継がれていくが、同誌が二〇一五年に不定期刊となってからは、全国規模のスコア集計は途絶えていた。現在は、二〇一六年に設立された「日本ハイスコア協会」がスコア集計を引き継ぎ、インターネット上で公開している。ちなみにアメリカでは、ゲームセンター「ツインギャラクシー（Twin Galaxies）」（一九八一年創業）の経営者ウォルター・デイがスコア集計を始めたといわれる。雑誌『任天堂パワー（Nintendo Power）』（一九八八年創刊）と『セガビジョン（SEGA Visions）』（一九九〇年創刊）には高得点のリストが掲載された（Taylor 2012）。

(28)山岸は「プレジャーキャッスル」をはじめ、「ゲームスポットアテナ町田店」や「ビートライブ」で店長を務め、後に闘劇の立役者の一人となる。店舗主導で企画運営されてきたアテナ杯は、二〇〇〇年から「ビートライブカップ」と名を変え、VFR（VIRTUA FIGHTER RELATIONSHIP）という複数店舗が連携したイベント企画団体によって続けられてきた。その活動を牽引してきたのが、山岸である。

(29)「イケダミノロックのそんなカンジでおネガいします（仮）第一回」https://www.youtube.com/watch?v=NKEPdHWV_EE（最終閲覧日：二〇一六年三月一九日）参照。

(30)「バーチャファイター20周年記念特設ウェブサイト」http://vf20th.sega.jp/interview141027B.html（最終閲覧日：二〇一六年六月一二日）参照。

(31)動画配信以前は、画面をキャプチャーし、DVDに録画できる環境を整え、ゲーム大会の参加者が自由に使えるようにしていた。ニコニコ動画を調べてみると、二〇〇七年三月一四日が「中野TRF」タグ（目印）で調べられる最も古い動画であるが、キャプチャーした動画を大会参加者などの有志がアップしていた。

(32)侍大戦は二〇一四年から始まり、毎年三日間で延べ二〇〇〜三〇〇人の参加者が全国各地から遠征してくる人気イベントとなっている。

(33)『YOUは何しに日本へ?』(テレビ東京、二〇一五年三月一六日放送)、『月曜から夜ふかし』(日本テレビ、二〇一五年五月一八日放送)、『TOKYO MX NEWS』(TOKYO MX、二〇一六年二月一八日放送)。

(34)『日経トレンディ』二〇一五年六月号。

(35)先述のように、ミカドは各種メディアに取り上げられているが、ほかにもテレビ東京『ニュースモーニングサテライト』(二〇一五年六月一〇日放送)で、独自のイベント運営が報じられた。

(36)池田によれば、一日に筐体一台を稼働させるのに必要な最低金額は、一七八円から二〇〇円であり、その内訳は消費税、電気代、人件費、家賃となる。ミカドは、山手線沿線の駅前という好立地のため、一坪一カ月で一万五千円から二万円ほどの家賃が必要になる。つまり、一日に二〇〇円(一回一〇〇円なら二回、五〇円なら四回プレイ)以上が入らない筐体は、赤字になってしまう。

(37)筐体一台を六時間六千円でレンタルし、合計四五台で二七万円が店の売り上げとなる。入場者数による売り上げは、出展者に還元されるものの、レンタル料を上回ることはない。六千円を払ってレンタルして、イベント終了後に二五〇〇円還元されても、三五〇〇円の赤字となる。

(38)池田店長は、特定のゲームをプレイしている常連たちの集まりを「コミュニティ」や「勢」、その中心人物を「リーダー」と呼ぶ。ゲームセンターにおけるコミュニティは、会社のような組織ではないため、リーダーを特定することは困難である。ミカドでのインタビューは、インフォーマント(情報提供者)の知り合いを紹介してもらうスノーボールサンプリングという手法を取り入れたが、いずれのインフォーマントもリーダーをひとりに特定することはできなかった。これは中心的人物がひとりだけではない場合もあれば、緩やかな関係性において必ずしもリーダーという自覚のもとで活動しているわけではないことに起因していると思われる。その緩やかなつながりを象徴する言葉が「勢」である。ゲーム名と合わせて「ガロスペ勢」、店舗名と合わせて「ミカド勢」などと呼ぶ。ゲームセンターにおけるコミュニティの詳細は、別稿で論じたい。

(39)出版・映像の制作会社「UNDERSELL」の社長であり、編集者、ライターとして活動している。

(40)ゲーム機本体を持った人同士がすれ違うと、自動的に作動する通信機能のこと。本体所持者のプロフィールだけでなく、互いに同じゲームを所持している場合は、ゲーム内コンテンツが共有できる。なお、木島（2014）は、携帯ゲーム機の通信機能を用いて一緒にプレイする仲間を調達する「モンスターハンター」（カプコン）では、コミュニティが形成されず、その場限りの交流になると論じる。

(41)ここでいう「大手」とは、メーカー直営店を指していると思われる。

(42)二〇〇三年の『アルカディア』誌上に掲載された、大会関係者八人による座談会より。その八人は、猿渡雅史・アルカディア編集長、山岸勇・ビートライブ店長、松田泰明・ゲームニュートンオーナー兼店長、長谷川智広・アイアイ駅南店店長、松井力・チャレンジャーガムガム店長、坂本成器・プレイシティキャロット巣鴨店員、七村秀寿・大久保アルファステーション副店長、牧野辰哉・G－UP代表。

(43)そうしたアーケードシーン全体やそれ以外のゲームイベントの動きの詳細は、EVO Japan も視野に入れつつ稿を改めたい。

(44)河島（2015）は、ネットゲームなどインターネットによる新たなコミュニケーション空間が依存を引き起こすほど魅力あるものだと論じ、生身の身体を介したコミュニケーションにネットゲーム依存からの脱却の可能性を示唆する。ゲームセンターという場は、その身体に気づかせる契機となり得る。

参考文献

日本語文献

バンダイナムコエンターテインメント監修（2016）『アイドルマスター全アイドル名鑑 2005-2016』ＫＡＤＯＫＡＷＡ

ゲーム実況愛好会編（2011）『つもる話もあるけれど、とりあえずみんなゲーム実況みようぜ！』ハーヴェスト出版

「ゲーム実況の中の人」の中の人編（2012）『ゲーム実況の中の人』ＰＨＰ

「ゲーム実況の中の人」の中の人編（2014）『ゲーム実況の中の人3冊目』ＰＨＰ

浜村弘一（2016）「ゲーム実況の過去、いま、未来」角川アスキー総合研究所編『ゲームってなんでおもしろい？』角川アスキー総合研究所

飯田一史（2015）「「ゲーム実況って何？」とか「何がおもしろいの？」とか言ってる時代遅れのお前らに、バカでもわかるように解説してやるよ」『ビジュアル・コミュニケーション――動画時代の文化批評』南雲堂

稲葉ほたて（2015）「実況・配信文化」徳岡正肇編『ゲームの今』SB Creative

伊豫田旭彦（2014）「ゲーム実況時代のゲームプロモーション niconico の事例から」http://ch.nicovideo.jp/iyokan_nico/blomaga/ar615290（最終閲覧日：二〇一六年八月三日）

金田淳子（2009）「ゲーム実況、そして刺身。――ゲーム実況プレイ動画についての覚書き」『ユリイカ』二〇〇九年四月号

加藤裕康（2014）「オンライン時代のゲームセンター――ソーシャルメディアとゲームを媒介としたコミュニケーション」河島茂生編『デジタルの際――情報と物質が交わる現在地点』聖学院大学出版会

加藤裕康（2016）「あそびと身体」工藤保則・西川知亨・山田容編『〈オトコの育児〉の社会学――家族をめぐる喜びととまどい』ミネルヴァ書房
河島茂生（2015）「インターネット依存――ネット空間に見いだす自己肯定感と責任意識」竹之内禎・河島茂生編『情報倫理の挑戦――「生きる意味」へのアプローチ』学文社
木島由晶（2014）「格闘ゲームのオタク・コミュニティ――彼らは何を「競って」いるのか」宮台真司監修、辻泉・岡部大介・伊藤瑞子編『オタク的想像力のリミット――〈歴史・空間・交流〉から問う』筑摩書房
松田恵示（2001）『交叉する身体と遊び――あいまいさの文化社会学』世界思想社
七邊信重（2015）「ビデオゲームを「見て楽しむ」メディア利用行動の日常化――「eスポーツ」「ゲーム実況」の現在とその示唆」『FMMC研究員レポート』一号
大堀康祐・見城こうじ・安部理一郎（2016）「CHALLENGE HIGH SCORE! ハイスコアラー創世記」『GAME TRIBES』一巻
岡本基（2009）「攻めの時代にコミュニティを囲いこめ――変わるパラダイムシフトと求められるＵＧＣ」『テレビゲーム産業白書』メディアクリエイト
大塚ギチ（2015）「TOKYOHEAD RE:MASTERED（SPECIAL EDITION）and TOKYOHEAD 1.2」『TOKYOHEAD～トウキョウヘッド』ディー・バイ・エル・クリエイション
乙一（2011）「ゲーム実況、その後。」ゲーム実況愛好会編『つもる話もあるけれど、とりあえずみんなゲーム実況みようぜ！』ハーヴェスト出版
坂本成器・池端洋輔編（2006）『THE FLASH DESIRE RAIDEN Ⅲ 公式設定資料集』ＩＮＨ

英語文献

Borowy, M. and Jin, D. Y.（2013）"Pioneering eSport: The Experience Economy and the Marketing of Early 1980s Arcade Gaming Contests," *International Journal of Communication*, 7.

Crecente, B.（2008）*Fighting to Play: The History of the Longest Lived Fighting Game Tournament in the World*. http://kotaku.com/5054856/fighting-to-play-the-history-of-the-longest-lived-fighting-game-tournament-in-the-world（最終閲覧日：二〇一六年五月七日）

Pine II, B. J. and Gilmore, J. H.（1999）*The Experience Economy*, Boston, Harvard Business School Press. ＝（2005）岡本慶一・小高尚子訳『［新訳］経験経済――脱コモディティ化のマーケティング戦略』ダイヤモンド社

Schreiber, A. L. and Lenson, B.（1994）*Lifestyle and event marketing: Building the New Customer Partnership*, New York, McGraw-Hill. ＝（1996）野口智雄訳『顧客をつかむ新イベント・マーケティング』時事通信社

Smith, T., Obrist, M. and Wright, P.（2013）*Live-streaming Changes the*（*Video*）*Game*. *Proceedings of the 11th European Conference on Interactive TV and Video*, Milan, Politecnico Di Milano.

Taylor, T. L.（2012）*Raising the Stakes: E-Sports and the Professionalization of Computer Gaming*, Cambridge, The MIT Press.

定期刊行物（日本語）

『アミューズメント産業界の実態調査』日本アミューズメントマシン協会ほか、一九九五〜二〇一五年

『アミューズメントライフ』アミューズメント、一九八三～八四年
『アルカディア』エンターブレイン、二〇〇〇～〇五年
『ファミ通ゲーム白書』カドカワ、二〇一五～一六年
『ゲーメスト』新声社、一九八六～九九年
『GAME TRIBES』16SHOTS BOOKS、一巻、二〇一六年
『マイコンBASICマガジン』電波新聞社、一九八二～八五年
『出版指標年報』全国出版協会・出版科学研究所、一九九七～二〇一六年
『テレビゲーム産業白書／ゲーム産業白書』メディアクリエイト、二〇〇一～一六年
『ビデオコレクション』東京ニュース通信社、一九八三～八四年

定期刊行物（英語）

Computer and Video Games 1984 Special, EMAP National Publications, 1983.
"Sega Sponsors All Japan TV Game Championships", *The Vending Times*, 14, 69, Nov 1974.
SEGA Visions, Sega of America, Vol.1 Issue 1 June/July, Vol.1 Issue 2 Oct/Nov 1990.

ウェブサイト

「ゲーム実況とゲーム大会の祭典　闘会議2016」http://tokaigi.jp/2016/（最終閲覧日：二〇一六年八月三日）
「日本ハイスコア協会」http://www.jha-arcade.com/aboutjha.html（最終閲覧日：二〇一六年八月三日）

「イケダミノロックのそんなカンジでおネガいします（仮）』一〜二四回（YouTube）

「月刊ミカド事件簿」二〇一四年一月〜一六年五月号（YouTube）

第五章　中国の「動漫イベント」におけるオタクの分層構造
――日本製アニメのオンライン受容を経て

程　遥

1　はじめに――「コミケ」と似て非なる中国の動漫イベント

日本の流行文化はアジア圏のみならず、世界各地で熱狂的な愛好者を獲得している。その中でもアニメ、マンガ、ゲームなど、いわゆるオタク文化は九〇年代から、北米やアジアにおいて浸透・拡散してきた(1)。メディア環境が国境を越えてめまぐるしく変容している今日、かつては日本でマイナーなイメージを持たれてきたオタク文化がグローバルに受容される光景は、もはや当たり前のこととなっている。現在animeという新造英語は世界的に流通しており、「日本スタイルのテレビアニメ」の意味合いを含んでいる。本章ではこうした文脈を踏まえて、「アニメ」を便宜上、日本製の商業テレビアニメという意味で用いる。

アニメオタクの生産的側面としてすぐに思い浮かぶのは、近年ますます巨大イベント化している

「コミックマーケット（通称コミケ）」であろう。[2] 一九七五年に第一回が開催されて以来、その規模と影響力は徐々に拡大し、近年の参加者数は常に五〇万人を超えている。[3] 現在、コミケは年に二回開催され、大規模な「同人誌即売会」として世界中で知られる、日本の代表的なオタクイベントに成長した。ここでいう同人誌とは基本的に、営利目的ではなく、商業的な流通に乗らない書誌を指す。[4] 同人誌即売会とは、同人誌の展示・頒布を主とするイベントであり、マンガやアニメを中心とする同人誌即売会であるコミケは、オタク文化を支える「インフラ」ないし「ファンダムの場」として機能しているとされる（玉川 2007）。

相田美穂は、一九七五年の第一回から二〇〇四年八月の第六六回までの変遷について、次のように整理している。コミケは当初、商業的な流通とは異なる頒布手法としてマンガの描き手が集結し発足したが、マンガの一般的な人気の拡大、紙媒体の複製技術の発展による個人自主制作の普及、および新しい表現の可能性の模索といったメディア環境の変化のなかで、オタク文化を代表する祝祭という現在の立ち位置を形成してきた。もっとも、コミケの位置づけはこうして変化してきたものの、同人活動や創作物発表の場は提供され続けている（相田 2004: 155）。日本のコミケは、九〇年代に「オタク」という言葉が定着する以前から、マンガ文化とともに発展してきたといえる。

都市空間におけるオタク文化の祝祭として、コミケに似た集まりは日本国外でも見られる。中国に目を向けてみると、日本のオタク文化の受容はアニメやマンガの作品単位に留まらず、ライトノベル、初音ミク、声優、同人誌といったサブジャンルも徐々に定着してきている。これは日本のオタクに「追いつく」展開を見せているともいえ、こうした状況の中で数万人規模の同人誌即売会が毎年開催されるに至っている。中国において、アニメオタクの大規模な集まりは、「動漫イベント」と呼ばれる。「動漫」とは「動画」と「漫画」の両方を指す造語であり、現在では一般的に普及している。日本のアニメとマンガに密接な関係があることを示唆する言葉ともいわれている（陳・騰 2006）。

一見すると日本のコミケと同じように思われる動漫イベントだが、オタク文化が成熟する過程に違いがあることから、イベントの意味合いもおのずと異なる。とりわけ中国では、後段で指摘するとおり、アニメが二〇〇〇年代以降、公式放送ではなくインターネット上で受容されてきたという背景が大きく影響している。

つまり今日では、日本国外でもコミケのような風景を目にすることができるが、そこに至るまでのプロセスは大きく異なっている。したがって、イベント参加者がどのような人びとであるのかを理解するためには、現地でのアニメ受容の歴史の検討が必要不可欠である。中国における動漫イベントの現在性を理解するためには、オンラインでの同人活動の活発化と併行して進展した日本製アニメの受容過程を検討しなければならない。

そこで本章では、中国のアニメオタクにとって、都市空間における祝祭である動漫イベントが持っている意味に注目したい。日本のアニメオタクとほとんど同じコンテンツを趣味の対象としながらも、メディア環境がまったく異なる地域にいるオタクたちのイベント空間はどのようなものだろうか。以下ではまず、日本製アニメの放送がこれまで、中国政府の下でどのように規制されてきたのかを確認する（＝第2節）。次に、中国においてオタク文化を牽引してきた「字幕組」の果たした役割について考察する（＝第3節）。その上で、アニメ文化の同人活動が表出する場として大規模化を果たした動漫イベントの特徴について、フィールドワークの成果を交えつつ検討していきたい（＝第４・５節）。

2　「動漫文化」の誕生
――中国における日本製アニメの受容と国外コンテンツの放送規制

中国でのアニメーション作品の放送自体は日本と同程度の歴史を持っているが、商業アニメーション、とりわけテレビアニメの発展ははるかに遅れている。こうした事態は後に「動画産業」（「アニメ産業」の意）政策の実施につながるが、まずは中国における日本製アニメの受容史について説明していきたい。

中国のテレビに初めて登場した日本製アニメは、八〇年代末ごろに中国中央テレビ（CCTV）で放送された『鉄腕アトム』であった。このころから改革開放政策の文化的側面として、テレビ局が日本製アニメを含めた数多くの国外コンテンツを輸入しはじめた。八〇年代を通して、中国中央テレビ、北京テレビを筆頭に、中国全土のテレビ局で日本製アニメが放送され、国外コンテンツの重要な一部として広まっていった。そのため、八〇年前後生まれの人びとは、しばしば「マンガ・アニメ世代」と呼ばれる。ただし、この時期には日本製アニメに特化した視聴者層はまだ顕在化しておらず、あくまでも外国産商業アニメーションの視聴者層としてひとくくりに理解されていた（楊 2011）。

日本製アニメの愛好者層が顕在化したのは九〇年代以降であった。一九九〇年から九一年にかけて中国でテレビアニメ『聖闘士星矢』が大人気になったが、その原作マンガの海賊版は百万部を越える販売を記録した。このことをきっかけに、日本のアニメ、マンガなどの海賊版が氾濫しはじめた（陳・騰 2006: 78）。アニメ、マンガ、ゲームなどが互いに深く連携して人気が爆発する「動漫文化」が、中国で定着しはじめたのだ。

一方で、中国政府はこの事態を憂慮し、一九九四年から海賊版マンガの取り締まりをはじめた。九七年になってようやくその効果が上がってきたものの、すでに流通している海賊版製品をすべて回収することはできなかった（楊 2011: 24-28）。同年から九八年をピークに海賊版は減っていくが、九〇年代を通じて、海賊版の横行によって動漫文化の受容が拡大したことは否めない。

二〇〇〇年代に入り、国を挙げての文化産業振興がはじまった。とくに国産コンテンツを振興し、市場の整備を目的とする政策が重要視されるようになった。これにともなって、国外コンテンツの輸入にかかる手続きは一層強化され、審査と許可の権限がすべて「中国国家新聞出版広電総局」に集中することになった。とりわけ二〇〇四年から政府によるアニメ産業振興が本格化していくと、認定を受けた国内企業などに対する優遇政策が講じられ、国外コンテンツに対する規制策も新たに発表された。たとえば、〇四年の「我が国における映像動画産業の発展に関する若干の意見」では、明確に「国産アニメーション放送体制の構築」が宣言され、各テレビ局において国産の番組が六〇％以上の比率を占める旨が規定された。さらに、〇八年の「広電総局によるテレビアニメーションの放送管理の強化に関する通知」により、全国のテレビ局において、外国作品は一七時から二一時までのあいだ、放送禁止とされた。これらの政策により、九〇年代とは一変し、日本製アニメをテレビで観ることはほとんどできなくなった。それに加えて、審査を通った少数の外国作品についても、放送時には、不適切とみなされた表現に対する改ざんあるいは削除がおこなわれた。たとえば、『新世紀エヴァンゲリオン』では、登場人物のアスカが「キス」に言及した場面で、別のセリフに置き換えられた。また、『カードキャプターさくら』では、登場人物の「李小狼」の名前が「王小明」に変更されたことが話題になった。[5] このふたつは中国のオタクのあいだで最も知られている事例であり、政府機関の審査に対する不信感が広がった。二〇〇〇年代以降の日本製アニメをはじめとする国外コンテンツの輸入は、国産振興と対立するとされた一方で、それ以前に日本製アニメが中国でつちかった根強い人気の証明でもあるとも考えられる。

この状況に転機が訪れたのは二〇一一年である。インターネットで日本製アニメの公式配信が開始されたのである。中国有数の大手動画サイトである「土豆網」が、テレビ東京とパートナーシップを結び、『NARUTO』などの作品の配信ビジネスを展開したことをきっかけに、中国における日本製アニメのオンライン配信事業が開花した。オンラインでの公式配信は数年間で急速に展開し、日本とほとんど時間差なく、数多くのアニメを字幕付きで視聴することが可能になった。JETRO（日本貿易振興機構）の調査によると、『名探偵コナン』『ドラえもん』など数タイトルのアニメがおもに衛星チャンネルなどで放送されているのに対し、二〇タイトル以上の当期アニメがオンライン配信されている。[6] 日本製アニメの公式視聴にとって大きな変革がインターネット上で起きたのである。

言い換えれば、二〇〇〇年から一一年までのあいだ、日本製アニメの輸入には「空白の一〇年」があった。それにもかかわらず、その人気は衰えることなく、二〇一〇年代のインターネット配信ビジネスにつながった。この空白の一〇年間、中国のアニメオタクのあいだで何がおこなわれていたのだろうか。そのことを説明するためには、「字幕組」というコアなオタクグループへの言及が避けて通れない。とりわけ現在、中国各地で見られるようになった巨大な「動漫イベント」の成り立ちを考察するためにも、実は、この空白期間におけるアニメオタクとインターネットとの親密性を踏まえる必要があるのである。そこで第3節では、現在の動漫文化のあり方を決定づけた、中国のアニメオタク第一世代とでもいうべき、字幕組のオンライン活動について述べていきたい。

3　オンラインで成熟したアニメオタク第一世代
――中国における「字幕組」の位置づけ

「字幕組」は「ファンサブグループ（fansub group）」の中国語呼称である。国外の映像に自発的かつ無償で字幕を付け、共通趣味のファンネットワークを通してコンテンツを共有することを目的に発足した。中国では現在、多種多様な映像コンテンツを専門的に扱う字幕組が存在しているが、本章ではアニメに特化した字幕組について述べる。同人組織が自発的に字幕を付けて共有する活動自体の起源は一九七〇年代のアメリカにさかのぼることができるが、中国の字幕組はインターネット上で発展を遂げたため、アメリカのファンサブ（グループ）の成り立ちとは情報技術的にも社会環境的にも異なっている。ただし、アメリカにおいても、ファンサブを中心とするファンシェアリングは、インターネットの発達によって著しく拡大したという経緯があり、ネットを介して活動するデジタルファンサバー（ファンサブ活動に従事する者）は初期のファンサブ活動の構成員と連続的に論じられることもある（Leonard 2004）。いずれにせよ、中国の字幕組は世界中のファンシェアリング活動に従事する一員として基本的な特徴が共通していながら、独自の文脈をも持っているグループである(7)。

インターネットがまだ一般的に普及していない時期でも、精華大学に代表される高等教育機関では比較的早い時期から接続環境が整えられており、北京・上海・広州・武漢といった主要都市の大学では、九〇年代末までに、アニメ・マンガに関する専門の電子掲示板が順次立てられていった。これらの大学の掲示板が先陣を切るかたちで、インターネットの普及にともない、オタク向けのホームページや掲示板、個人ブログなどが増えていった。

アニメオタクのコミュニティを主体とする字幕制作活動がインターネット上に現れはじめたのは二〇〇一年ごろである。これはちょうど、中国で日本製アニメをテレビで視聴できなくなった時期でもある。インターネット環境の制約などもあって、後の字幕組の活動と比べれば、この時期の字幕制作は扱う作品が少なく、すでに流通している英語のファンサブアニメにもとづく二次翻訳の場合もあった。こうして字幕の付けられたアニメの流通も、当時はまだ、比較的狭い範囲のファンコミュニティのあいだに留まっていた。二〇〇二年に、オタク向けの電子掲示板「漫遊」から、初めて「字幕組」と名乗るグループが誕生したとされている。

同年、ＡＤＳＬ接続方式が中国本土で普及しはじめ、同時に世界的にもＰ２Ｐソフトの開発と更新が進むと、字幕付きアニメの制作・流通における地理的問題や費用・技能などにかかる制約が大幅に縮小した。その後、字幕組は爆発的に増加し、長く定着するスタイルを形成しはじめた。

現在では定番となった字幕組の活動スタイルは次のようなものである。一般的にひとつの字幕組は、日本で新番組の放送が始まる時期に合わせ、複数の作品を選択して字幕制作をおこなう。これらの字幕付きアニメはたいてい、翌日までにはダウンロードあるいはオンライン視聴が可能になる。二〇〇三年ごろまでに、ひとつの作品を複数の字幕組が扱うのが普通になり、字幕組のあいだの競争も可視化されるようになった。字幕の制作は基本的にチームでおこない、グループ内の協議により、決められたプロセスごとに担当者が配置されるというスタイルをとっている。途中で担当者が変わることや別プロセスの人が兼任するようなこともあるが、字幕の制作行程はある程度一般化しており、システム化していると考えられる。こうして完成した字幕付きアニメの利用をめぐって、字幕組活動に従事する者とそれを視聴する者とのあいだのオンラインコミュニケーションは年を追うごとに活発化していった。

呉𤇾は、二〇〇〇年代における一〇年間の字幕組の発展を、「芽生え期」（二〇〇一年〜〇二年上半期）・「成熟期」（二〇〇二年下半期〜〇五年上半期）・「差別化期」（二〇〇五年下半期〜〇九年上半期）・「ポスト個性化」期（二〇〇九年下半期〜一〇年）の四段階に分けた（呉 2010）。ここでいう「差別化」とは、字幕組のさらなる専門化を示している。具体的には、特定のジャンル、制作会社などのコンテンツに特化して字幕を制作することや、独自の編集スタイルを考案するといった差別化である。やがて「ポスト個性化」期において、翻訳する字幕テキストの装飾に関する創作が現れた。たとえば、いかに原作の意味を損なわずに、中国のオタクたちに親しんだ面白みのある表現にするかなど、いわゆるハイコンテクストな翻訳創作がおこなわれるようになった。字幕組が細分化していく過程において、字幕付きアニメを頼りにするオタクたちは、アニメの受容における欲求が多様であって当然という理解を促されてきた。また、新規のオタクが増加したことにより、個人がオンラインコミュニティに浸る時間も嗜好の範囲も異なってきた。やがて字幕付きアニメの存在が当たり前になったころ、その観賞よりもむしろ、オタク同士で協力しあっておこなうオンラインでの生産活動へと関心が移行してきたのであった。現在では、原作資料を研究することや、制作者あるいは声優が出演する宣伝映像を収集するといった、異なる内容あるいは様式にもとづく活動の棲み分けができている。

つまり、二〇〇〇年代を通じた日本製アニメの受容に関して、公式放送ならびにオタクによる非公式の動向を重ね合わせてみると、字幕付きアニメを通じた共有を介して、オタクのあいだでネットワークが形成されていったことが分かる。字幕組が、ネットワークの最も代表的かつ生産的な実践として誕生し、結果としてコミュニティ内部の生産システムが強化され、コンテンツの更なる流通につながった。この構図から、二〇〇〇年代以降の厳しい輸入規制と反比例するかたちで、非公式的なアプローチを通して愛好者が育まれていったことが分かる。このような生産活動をおこなう第一世代のオタクは、字幕組を中心としながら、インターネット上で中国における日本製アニメをめぐるファンダムを形成していったのである。

祝方悦は、一九九〇年代からインターネット普及以後の二〇〇〇年代にかけて、中国で日本のポピュラー文化を愛好する若者の受容態度の変貌について考察している。愛好者は日本のアニメ、ドラマ、音楽などのコンテンツの拡散を通じて、日本のポピュラー文化に対する認識を深めるとともに、異文化理解に関する理性や客観性が保たれ、日本文化ないし日本社会に対する態度にまで影響を受けることになるという（祝 2011: 56-58）。つまり、アニメなどのコンテンツの受容過程において、公式には十分な供給がないにもかかわらず、愛好者は自ら字幕制作をおこない、アニメについて語ることを通して、みずからの社会的意識が変貌を遂げるほどにまで成熟していくのである。

一方で、このように、若者の文化的な趣味嗜好にもとづくネットワークが成熟していくことは、いわば「尖った」オタクである字幕組界隈の第一世代と、二〇一一年以降の公式放送を視聴することでアニメオタクとなった第二世代との分断をもたらした。とくにインターネットの普及につれ、第一世代の牽引するコアなコミュニティがますます進化する一方、新たに参入する者が増加し、オタクたちは集結するだけでなく、分裂もしはじめた。多様なアイデンティティが強化されるにつれ、コミュニティの細分化・差異化が顕在化していったのである。たとえば、祝によると、作品に対する嗜好の差別化を主要な要素としながらも、対日感情などほかのベクトルも、さらに小さなコミュニティへの分化に影響しているという（祝 2011）。また、前述したように、字幕組の初期には、主要都市の少数のエリート大学生によってコミュニティが牽引されていた。こうした地理的な条件や、学歴の偏りといった事情から、同じアニメオタク層の中でもコミュニティの成長速度に差が生じている。これはインターネットが普及した以後においても見られる状況であり、こうした不均衡も棲み分けを促す要素のひとつになる。

インターネットが普及し、中国の若者文化の重要な基盤になると、オタクのコミュニティは当事者同士に限定した活動のみならず、さまざまなバックグラウンドを持つ人びとともやり取りをする機会が増えていった。こうした多方面との交流によって、とりわけ二〇〇〇年代以降のオタクコミュニティは、複雑性を内包している。

4 「動漫イベント」小史

ここまで見てきたように、中国におけるアニメの受容は、オタク同士のネットワークにもとづくオンライン先行のものであった。こうした状況を前提に動漫イベントを捉えようとすると、日本のコミケとのあいだに大きな差異があることが分かる。すなわち、成熟した商業流通の外に表現空間が構築された日本のコミケとは異なり、中国の動漫イベントは成熟した商業流通がないままに、テレビ放送が中断された一〇年間に成熟した第一世代のオタク層によって牽引されてきたのである。つまり、動漫イベントの実践は、オンライン主導のアニメ受容の延長線上にあり、オンラインを中心に同人活動がおこなわれてきた二〇〇〇年代前半と、それが都市空間にあらわれはじめる二〇〇〇年代後半以降の動きを段階的に捉える必要がある。

中国の動漫イベントは主催者の違いによって、大きくふたつに分けられる。ひとつは、企業あるいは政府機関が主催し、公式コンテンツを中心に商業的活動や視聴者との交流活動、あるいは制作者育成の一環としておこなわれるイベントである。類似するものに、日本の「アニメジャパン」や北米の「アニメエキスポ」などがある。もうひとつは、オタクたちによる非営利組織が主催し、同人創作物が流通するイベントである。類似するものに、日本のコミケなどがある。

また、オタクたちが中心となって展開するイベントでも、同人誌即売会という形式ではない活動がおこなわれることもある。たとえば、アニメの制作者、声優、アーティスト、あるいは動画共有サイトで活躍する人びとを、日本からゲストとして招くのである。企業や政府のイベントよりもはるかに小さい規模だが、商業的な展示活動を中心としていないため、ゲストの招聘やプログラムの構成は比較的、参加者目線でおこなわれる。

どちらも全般的に運営システムが未熟であり、参加者のあいだで多少の混同は生じているものの、ここではこのように二分して動漫イベントを捉えておきたい。

中国で最初の動漫イベントは、一九九八年に中国美術出版社が主催し、当時の代表的なコミック誌数誌の出版社が参加したマンガ展示会であるとされている（田・高橋 2015: 2）。この動漫イベントは、上述の区分では前者に分類できる。つまり、中国においては企業が主導するものが比較的早くに誕生し、日本のコンテンツと直接的には関係がない内容であった。もっとも九〇年代末には、これまで述べてきたとおり、日本製アニメの人気に触発されるかたちで、動漫文化が人気を博すようになった一方、中国独自のコンテンツがはるかに不足している状況が浮き彫りになっていた。そのようななかでおこなわれた初期の動漫イベントには、若手クリエイターの発掘と育成という意図が含まれていた。とりわけ二〇〇〇年代半ばに「動漫産業の振興」が発表されて以来、政府の公認ないし支援のもとで開催されるイベントは増加する一方であり、後の非営利団体主導のイベントとは異なる目的をもって展開されてきた。

他方、全国各地で小規模におこなわれていた非営利団体が主催する動漫イベントが、日本のコミケに類似した同人誌即売会のかたちをとって展開しはじめたのは、二〇〇七年一一月に上海で開催された「ComiCon 同人展」がきっかけとされている（張・甘 2012: 84）。それ以前にも、とくに北京・上海・広州などで、オタク同士の交流を主要な目的とするイベント開催が試みられたことはあったが、同人誌即売会はそれとは異なるイベントとして捉えるのが妥当であろう。

動漫イベントは一九九八年の誕生から「（動）漫展」と呼ばれ、当初はトップダウン型の「展示会」だと認識されていた。また、日本製のアニメ・マンガのオタクをターゲットにしたイベントであっても、字幕組のメンバーやそのフォロワーなど、いわゆる第一世代の実態を把握していない主催者によるイベントがほとんどであった。そのうえ主催者は、ターゲットとなる客層がすでに熟知している日本製アニメ自体に関する知識が非常に乏しいという状況があった。こうしたなかで、企業が大学などの民間動漫サークルとの合同イベント開催を図った動きもあったが、これらのサークルも市場におけるイベント運営の経験は乏しい。このような問題を抱えながら、第一世代のオタクと利益重視の企業が合同でイベントを開催した結果、たいがいは参加者たちが求めるものとのあいだにズレが生じた。具体的には、コスプレをするための会場施設の不備、出展者の管理システムが不完全であることによる海賊版業者の侵入、イベント自体のプログラムの設計が十分になされていないなどの問題が目立っていた。

周櫟は、二〇〇〇年代半ばまでの動漫イベントの運営と参加者との関係について次のような問題点を指摘している。すなわち、主催者の目的が明確化されていないため、イベント会場の秩序が維持できていないうえに、参加者には宣伝とは違う印象が強く残った。また当時、日本からゲストとして招かれた有名コスプレイヤーが個人ブログにおいて、動漫イベントで遭遇した運営の失敗談についても記述していたと述べている（周 2007: 31-33）。当時のマスメディアの記事からも、「動漫」の人気が注目された結果、企業による「動漫展」への盲目的な投機が多くおこなわれ、それらの多くが失敗していたことがうかがえる（陳 2004; 張ほか 2006 など）。

「同人祭（展）」はこうした失敗の経験を踏まえて確立したともいえる。現在では、中国各地において同人祭（展）が普及している。北京、上海、広州、成都がそれぞれ北方地区、華東地区、華南地区、西南地区の代表都市とされ、これらの都市およびその周辺においてイベントが続々と開催されるようになっている。これらの大規模なイベントに加え、各地でそれぞれ全国的な影響力を持つイベントも現れはじめている。その活動の展開にともない、「同人活動版図」も広く知られるようになっている（馮 2013: 15）。これは中国全土で盛んになっている同人創作活動について、それぞれの地域ごとに異なる同人活動の興味関心、あるいは長けている項目の包括的なイメージを図示したものである。たとえば、北京近辺は大学の動漫サークルが多く、同人活動全体に競争を促すような影響力のあるサークルが多いことで知られている。それに対して広州は、地理的に香港・台湾に近いため、異なる文化圏との交流活動が多い。

そして、現在の代表的な同人イベントは図表5－1のようにまとめることができる。ここに挙げたのは、いわゆる同人誌即売会として成立している代表的なイベントであり、日本のコミケに近い運営システムが採用されている。ただし中国においては、都市空間でイベントを開催するためには、個人名義より会社名義のほうが審査がスムーズにおこなわれるため、たいていの場合、主催者団体が新たな会社を登記し、その会社の名義をイベント開催の申請に使用している（張・甘 2012: 86）。

中国の同人誌即売会はおよそ一〇年の歴史しかない。各イベントの参加者人数の変遷に関する統計

図表５－１　中国の四大都市における動漫イベント

開催都市	代表的なイベント名	概要
上海	上海 ComiCon 同人展	・2007年11月から、基本的に年２回開催。 ・初回 ComiCon1111は復旦大学にて開催され、2008年に「ComiCon」と「ComiCUP」のふたつに分裂した。
	ComiCUP 魔都同人祭	・2008年11月から、年２回開催。 ・「ComiCon」から分裂した。
北京	囧囧有神動漫盛典	・2008年９月から、年２回開催。 ・第１回は「囧囧有神同人交流会」で、「同人祭」を経て現在の名称に至った。 ・北京地区ではじめて、主催が大学（学校）ではない同人イベントであるとされる。 ・中国本土のオリジナルコンテンツ（主にライトノベル、ゲームなど）を中心的に扱う。 ・毎回異なるテーマのイベントを開催しており、企画展に特化している（たとえば2016年の春は『西遊記』をメインテーマとしている）。
広州	YACA 系列漫展	・同人誌即売会の歴史が最も長い地域とされている。 ・2001年１月の「第１回 YACA 冬季同人誌展（第一届 YACA 冬季同人志展）」から、基本的に年２回開催。 ・現在はYACA（Young Animation and Comic Association）の運営のもと、年２回の「夏季動漫展」「春季動漫展」のほかに、長期休日に企画展も随時開催している。 ・YACA は2003年に設立された民間の動漫協会であり、商業・同人イベントの運営、同人誌の販売、ウェブサイトの運営などを総合的におこなう団体である。 ・YACA 系列のイベントは地域の便宜上、香港などの他地域との交流が密接なことでも知られている。
成都	ComiDay 成都同人祭	・2008年２月から、年２回開催。 ・北京、上海、広州と比べれば内陸部に位置するが、参加者数は前三者と肩を並べるほどで、大きな影響力がある。

データはないが、図表5－1に挙げたイベントはいずれも、毎回一万人以上を動員するほどの影響力がある。ただし、これらはまったく同じ規模というわけではない。二〇一六年六月現在、主催者が発表している出展サークルリストを見ると、上海のComiCUP18（二〇一六年六月九日・一〇日開催）は約七三〇社であるのに対して、同じく上海のComiCon16（二〇一五年八月二九日開催）は一三五社で、大きな差がある。北京・成都・広州では、およそ一五〇から三〇〇社が出展している。

ところで、田歌と高橋光輝は、文化政策の動向との関係において中国の動漫イベント全般を考察した結果、とくに運営システムについて次のような問題を指摘している。すなわち、多くの動漫イベントの運営は、日本のコミケと同様にボランティアのスタッフを起用するものの、全体的にトレーニングが不足しているため、実際に現場を管理することは期待できない。また、運営自体がまだ模索段階であり、会場および開催時間に突然の変更がある一方、それに十分に対応できる情報発信はまだ完全にはできていない。こうした状況に対して、中国のオタクたちは多くの不満を持っているが、その不満の声も十分に届くことはない（田・高橋 2015）。

以上のイベントは二〇〇七年以降に発足したが、このような問題を抱えながらも、同人組織が主催するイベントの動きは、かつての公式動漫イベントの初開催、専門雑誌の創刊、字幕組の試みと同じように、二〇〇〇年前後にすでに芽生え、継続的に試みられてきた。

これら同人誌即売会として成立した動漫イベントは、次のような問題を孕んでいる。すなわち、二〇〇〇年代半ばまでの動漫イベントを経験したことのあるオタク、あるいは経緯を知っているオタクである第一世代と、そうした事情を知らない第二世代のオタクとのあいだに、都市空間における活動に対する意識に差異が生じているのである。そうした意識の差異は、イベント参加に対する態度にも会場におけるふるまいにもあらわれている。もっと言えば、動漫イベントの捉え方や主催者に対する視線も異なっている可能性がある。つまり、二〇〇七年になってはじめて同人誌即売会が大衆の前にあらわれたが、字幕組アニメを通して継続的に生産活動をおこなってきたオタクたちとその視聴者たちで構成された第一世代と、逆に字幕組アニメの時代をあまり知らず、二〇一〇年代の公式配信を主に受容してきた第二世代の、少なくともふたつの勢力が、都市空間において合流することになったのである。

5 動漫イベントの空間――フィールドワークにもとづいて

それでは、実際の動漫イベントはどのようなものなのだろうか。ここでは以上の背景を踏まえつつ、筆者がおこなったフィールドワークにもとづいて、今日の動漫イベントの様子を記述していきたい。ここでは、イベントの空間や内容の構成、参加者の振る舞いなどを観察することによって、イベントがどのようにおこなわれているかを明らかにするとともに、その意味を考察する。考察するイベントは、中国本土で最も影響力のある動漫イベントのひとつである「Comiday（一般的に「ＣＤ」と略す）」である。Comiday は毎年、西南地区の都市、成都で開催される。このイベントは二〇〇八年に第一回が開催されている。筆者がフィールド調査をおこなったのは二〇一四年七月一九日と二〇日に開催されたＣＤ14である。

成都は、前述した四大都市の中で最も内陸に位置している。また、中国全体のインターネット利用環境（二〇一五年一二月時点）から見ると、インターネット普及率が常に上位三位を占めている北京・上海・広州（ともに七〇％を上回る）と異なり、成都のある四川省のインターネット普及率（四〇・〇％）は全国平均（五〇・三％）を下回っている。(8)それにもかかわらず、図表5－1で示したように、北京・上海の二都市とほぼ同時に同人誌即売会の開催を試み、現在まで継続的におこなわれてきた。こうした状況はとくにアニメオタクの能動性をあらわしている。また、インターネットの普及率が低いことから、初期段階から積極的にネット上で活動する第一世代のオタクたちと、彼らによって牽引される第二世代のオタクたちとの差異を観察するのに適切だと考え、調査フィールドに選んでいる。

(1) イベントの概要

・会場の基本情報

成都は中国の西南地方に位置する都会のひとつであり、四川省の省都である。街なかは環状道路が整備され、ＣＤのイベント会場がある「世紀城国際会議中心」は二環外の城南新区に位置する。都心からはやや離れるものの、交通の便は良い地域である。世紀城国際会議中心は九つの建築群から成っており、イベントのメイン会場はそのうちの「九号館」である。建築群全体は、九つの建物が少しずつカーブを描きながら半円状に配置されていることから、イベント会場の館内は梯形の空間である。「ＣＤ14オフィシャルハンドブック（ＣＤ14官方限定会場刊）」に掲載されている会場案内図には、「ライブ区域（LIVE区）」「企業ブース区域（商業展位区域）」「腐（女子）向け区域（腐向区）」「オタク向け・一般向け区域（宅向、一般向区）」「コスプレ撮影可能区域（COS撮影区）」「休憩区域（休息区）」という六つの区域が示されている。ハンドブックには、イベントの基本情報以外にも、特集コラム、インタビューや記事、関連イベントの告知情報や広告などが掲載されている。会場案内図やサークルリストなどの基本情報は、イベントの告知段階からオンラインでも入手できる。

まずは区域の分け方について説明しよう。「腐（女子）向け区域」は、おもにボーイズラブ（BL）が題材の同人誌を扱うブースになっている。これに対し、「オタク向け・一般向け区域」はそれ以外の題材を扱っている。「オタク向け」と「一般向け」もまた異なっている。前者のブースでは「美少女」「メイド」が題材の同人誌や写真集などが販売されており、「一般向け」では特殊な偏向はなく、一般的な同人誌や画集などを扱っている。「コスプレ撮影可能区域」では、イベントに参加するコスプレイヤーを撮影するためのスペースが設けられている。原則として、撮影者が直接コスプレイヤーに許可を取ってから撮影をおこなう。コスプレ撮影に関する注意事項などもハンドブックに記載されている。メイン会場である九号館内では基本的に、ハンドブックに掲載された区域通りに秩序を保った撮影がおこなわれていたが、本来、使用が禁止されている三脚やライティング用のレフ板などの機材類を、一般入場の行列でいくつか見かけた。「休憩区域」は館内奥の方に設定されているが、実際には壁際に集まって休憩する来場者も少なくなかった。

メイン会場の様子は、日本のコミケが縮小したようなもので、広い空間に長いテーブルの列が多数ある。ひとつ、ないしふたつのテーブルが各出展サークルのブースとなっており、目当てのブースの

図表5－2　ブースに集う参加者

出典：執筆者撮影

周りに参加者が群がっている（図表5－2）。サークルブースの区域を囲むように、四方には大きな通路があり、奥の方は「ライブ区域」となっている。

・出展ブースの概要

同人誌即売会の形態をとっている動漫イベントへの出展は基本的に有料である。申請のプロセスはおおむね次のようになっている。

第一段階では、イベント企画者が参加の募集を開始し、告知する。必要な申請書類の様式が作成され、募集要項などと一緒にウェブページなどに掲載される。第二段階では、出展したいサークル（個人サークル含む）が期限内に必要な情報を登録し、書類や作品サンプルを提出する。第三段階では、企画者による審査がおこなわれ、審査に通れば出展が決定する。これらの申請過程は、現在では通常、すべてオンラインでおこなわれる。

CD14のハンドブックに掲載されている「社団列表（サークルリスト）」には、総勢三〇〇の同人サークルがあり、その中で、「男性向け」（五九社）、「一般向け」（九二社）、「女性向け」（一三六社）、「展示区域」（一三社）の四つのカテゴリーに分類されている。「展示区域」はおもに、スーパードルフィー（球体関節人形）、模型など、非売品の展示ブースになっている。こうしたカテゴリーは申請の段階ですでに分けられたものであり、出展ブースの位置も区別されている。

そして、主催者による「オフィシャル販売ブース」も設置されており、CD14ハンドブックセット（オフィシャルハンドブック一冊、オリジナルデザインの紙袋一つ、B2サイズのオリジナルデザインのポスター一枚、特典カード一枚）を扱っている。このハンドブックセットは二〇元（二〇一六年六月時点で約三二六円）の値段で会場限定の販売となっており、限定二〇〇〇部が完売した。

ハンドブックにはリストアップされていないが、同人サークルのほかに、企業出展枠が設けられており、前述した「企業ブース区域」がこれにあたる。企業出展も同人サークルと同じようにオンラインで申請手続きをおこなうが、参加費は同人サークルと比べればはるかに高額である。CD14では企業出展の数はそれほど多くなかったが、その中には、アニメ・マンガ業界を志す高校生向けのAO入試対策塾のような企業もあった。

同人サークルのブースを観察すると、同人誌が扱う作品は日本のアニメ・マンガのみならず、中国のライトノベル、古風小説(9)やゲーム、アメリカのアニメやファンタジー映画など多種多様である。同人誌制作の過程において日本で運営されているウェブサイトの利用経験がうかがえるだけでなく、「萌え」「メイドカフェ」「スクール水着」など、日本独特の文化現象をテーマとした同人写真集の出展まであった。また、同人誌のほかに、手芸品、衣料品、音楽作品などが陳列されている様子も見られた。

・イベントの経過――参加者の様子を中心に

チケットは前売り券と当日券の二種類があり、値段はともに三五元（二〇一六年六月時点で約五七〇～五八〇円）だが、券面のデザインは異なっている。前売り券はオンライン販売と店舗販売の二種類の方法で入手できる。

開場の三〇分前に、まずはサークルが入場した。その後、参加者が入場し始めた。まずはメイン会場の九号館に隣接する八号館に並び、安全検査を受ける。受付は八号館と九号館をまたいで設置されている。初日の開場前にはとくに長い行列が見られ、オリジナルデザインのスタッフTシャツを着用する数名が、標準語と四川省の方言を使用しながら行列の誘導をおこない、その最後尾に簡体字で「最后尾（最後尾）」と書かれた指示看板を持って立っている。

入場した後はとくに指示するスタッフはいない。列になったテーブルの間の通路の端にところどころ、同人誌情報（表紙、サークル名、ブースの場所など）の告知看板が設置されている。

「ライブ区域」にはステージが設置されており、その背景には「KARAOKE」と表示されていた。事前申込み制のアマチュアライブパフォーマンスという印象である。いわゆるアニメソングの歌唱以外に、踊りの演目もあり、さらにステージの前ではスタッフによるヲタ芸がおこなわれていた。ステージ自体は初日から会場に設置されているが、実際にライブパフォーマンスがおこなわれたのは二日目の午後のみであった。

そして、昨今の同人誌即売会に欠かせないコスプレは、会場の内外でおこなわれていた。CD14会場においては、大別して二種類のコスプレが見られた。一方は普段からコスプレイヤーとして活動する者たちであり、もう一方はイベント参加のためのファッションとして衣装を着用した来場者である。そして、コスプレをする人と撮影する人以外に、会場の外に有料でメイクアップやヘアメイクを専門的におこなう者が待機している。イベント開始前も途中でもメイクアップしている風景が見られた（図表5－3）。

図表5－3　メイクアップ中の様子

注：スーツケースに貼られた紙に値段とメニューが書かれている
出典：執筆者撮影

(2) 考察

・可視化されるオタクのネットワーク――コスプレを例に

日本で同人誌即売会などにおけるコスプレが一般化したのは、一九七〇年代半ば頃であるとされている。九〇年代になるとアニメ、マンガ、ゲームのキャラクター以外のコスプレも増えていったが、コミケに対する注目度が大きくなるにつれ、会場におけるマナー問題なども顕在化してきた（岡部

2014)。

前述した通り、中国でも動漫イベントの初期（二〇〇〇年頃）からコスプレ活動が注目されており、現在ではコスプレイヤーをゲストとして招く商業的なイベントも少なくない。また、コスプレショーに特化した観賞型のイベントも定着しつつある。しかしCD14会場の特徴は、コスプレの制作過程を見ることができたことである。実はコスプレイヤーのほかに、撮影とメイクアップを専門的におこなう者たちの存在が、その場においてきわめて重要なのである。

なぜならば、中国ではコスプレをグループで実践するという傾向が強いからである。アニメオタク全般に対しても言えることだが、コミュニティ内で形成された秩序に準じて行動することで、安心感を得ることができる。ひとつのコスプレの制作過程において、それぞれの「役割」を明確化することが、互いに承認を得るための前提になる。現在、コスプレイヤー、撮影者（写真の特殊な処理作業なども担当する場合が多い）、メイクアップや衣裳の制作者などの役割が分化している。それぞれ「coser」「撮影」「妆娘（粧娘）」[10]というネットスラングで定着している。[11]さらに、コスプレを熟知するオタクのあいだでは、コスプレという行為の主体のみならず、これをひとつのグループ作業として評価する傾向がある。つまり、「coser」単体より、「撮影」や「粧娘」の仕事を含めた全体的なプロセスで、ひとつのコスプレが評価される。また、こうした人員の配置も固定しておらず、作品によって担当を変更することや、複数のプロセスをひとりでおこなう場合もある。こうした「役割」によって構成されるネットワークは本来、コスプレに参与する者たちにとって大事な要素である。そのネットワーク自体をイベント会場で観察することはできないが、それぞれの「仕事」が会場で可視化されていた。

・オタクたちの「境界」感覚

CD14では、二次創作の主体となるキャラクター以外に、オリジナルの美少女キャラクターを多数見かけた。たとえば「最後尾」の看板や、スタッフのTシャツ、イベント限定紙袋やチケット、ステージの背景図など、会場のいたるところに美少女キャラクターのイラストが印刷されている。またその中で、イメージキャラクターと思われるイラストはオンライン告知、前売り券そしてハンドブックの「巻頭コラム」に使われている。

市内からイベント会場に向かうと、少しずつ同じような雰囲気の参加者たちを見かけるようになり、電車の中では目立っていた者も会場に近づくにつれ、周りの環境に溶け込んでいった。日本の秋葉原駅周辺を彷彿とさせるような風景であった。森川嘉一郎は二〇〇〇年代初頭、秋葉原の街全体が美少女キャラクターで覆われつつあることに着目し、顕著な個人趣味が秋葉原の街に集約して表れていることについて、「インターネットを模倣し始めた現実の場所」、「個室が都市空間へと延長」していると捉えた（森川 2008: 55-57）。中国では秋葉原のような街はまだないが、CD14を通して類似した現象を観察することができた。

もっとも、中国においては、「次元壁（次元墻）」という概念が形成されており、二次元（おもにアニメ文化圏）と三次元（現実社会）をなんとなく隔離する境界のことを指す言葉として使われている。もともとこの言葉は、情報の不均衡を表す「デジタル・デバイド（digital divide）」に由来するとされている（陳 2014: 4668）が、ネットスラングとして本来の意味から乖離してきた。会場の周辺に見られる美少女キャラクターが描かれた大きな看板や参加者が携帯している紙袋は、「次元」の境界を意味する記号であるようにも感じられた。

美少女キャラクターのような分かりやすい記号のほかにも、中国の既成概念から超越した記号や言語を二日間にわたって観察できた。いくつかの例を挙げよう。たとえば同人誌の表紙に見られる「R18」という表記について、日本では、一八歳未満の読者に不適切な内容を含む、という意味がある。これは映画のレイティングシステムの表記から援用されている。中国の同人誌においても日本と同様、ときどき「R18」という表記が用いられる。しかし、中国では実際、こうしたレイティングシステムが実施されていないため、この表記は一般的にはあまり知られていない。それにもかかわらず、同人誌の作者は、自分の作品に対して、ある年齢に達していない読者に適していないという意思表明のために、これを使用することがある。作品内容にもとづく自主規制をおこなっているのである。こうした素養はオンラインで学習したと推測できる。ほかにも、イベント会場の外に大きな看板が立てられており、その裏一面にたくさんの書き込みがあった。単なる落書きも少しあったが、内容からすると全体的に、ニコニコ動画の弾幕コメントのように使われているようだった。ネットスラングを多数含んでおり、限定された文脈でしか通じないような言葉であった。子連れの女性が困惑している様子を見かけた一方で、外国人の参加者のほうが場に馴染んでいるという、やや不思議な光景も目にした。二日間にわたって、こうした大規模な動漫イベントが都市空間でおこなわれているにもかかわらず、結局オタク同士の円滑なコミュニケーションだけを図った空間としてデザインされているようであった。

6　おわりに――見えない境界と共存

動漫イベント文化が定着する二〇〇〇年代後半まで、中国における日本製アニメの受容には次のような構造があったといえよう。まず、字幕組のようなオンラインオタクコミュニティの誕生と発展により、「市場よりオタクのほうがアニメを熟知していた」という状況があった。そのため、少なくとも二〇〇〇年以後のアニメを中心とした日本のコンテンツとの接触や同人活動は、インターネットに大きく依存することになる。オタク同士のネットワークはその重要な基盤となり、形式化していった。マスメディアにおける輸入規制を経験したオタクたちにとって、公式に流通するコンテンツは完全なものとはいえない（本来の価値を損なう措置に対する懸念が拭えない）。したがって、公式に提供されたコンテンツに無批判的な後続世代との立場の差異から棲み分けが必要となり、そのため彼らの「仲間」を識別するためのコミュニティ構造が一層強化されていった。

こうした環境から生まれた動漫イベントは、オタクたちがオフラインに仮設拠点を構築する実践であると考えられる。ただし現段階では、オンラインで活動してきた異なるコミュニティの住民がひとつの空間に混在することで、問題が生じる恐れも抱えている。

日本のコミケの歴史を見てみると、商業流通以外の表現の場を追求した結果として現在の姿がある。コミケを対抗文化として捉えることができるのは、産業的なシステムがすでに形成されていたという前提があるからこそである。これに対して、中国の動漫イベントは、字幕組のようなオンライン活動の延長線上に発足し、字幕組を中心とした第一世代のコアなオタクによって牽引されてきたという構図がある。つまり、中国の動漫イベントは、日本のコミケのように同人活動が定着すればするほど、第一世代のオタクと、増えつつある第二世代のアニメ受容者の差がより顕著になる。イベント空間の「異質感」と、現在では多数派となりつつある第二世代の参加者の感じる「置き去り感」は、動漫イベントがまだ社会的に認識されていないことのあらわれであり、そうした理解の欠如による問題が生じていると考えられる。

国外コンテンツの受容の拡大について、コンドリー（Condry, I.）はアメリカのファンサブを例に、市場から逸脱しているコアなファン活動を「ダークエネルギー」に喩え、産業構造への接続可能性を提唱した（Condry 2010）。ただし、中国のオタクコミュニティの生態から見ると、アニメ愛好者と一言でいっても、二〇〇〇年代の放送規制による一〇年の空白期間を経ているために、均質的な受容者層が形成されたとは言いがたく、ひとくくりにすることは困難である。したがって、第一世代の成熟具合を根拠に、中国のアニメオタクたちの「ダークエネルギー」を過大評価することはできない。それにもかかわらず、動漫イベントを能動的に構築するまでに成長しているアニメオタクたちの動向は、今後も注視する価値がある。

注

（1）オタク文化は八〇年代に「新人類」と呼ばれた若者の文化に続いて台頭した。「おたく」という呼称自体は一般的に、中森明夫が一九八三年に『漫画ブリッコ』に掲載した文章がきっかけで定着したとされているが、そのように総称される人びとに対する社会的な関心が高まったのは、一九八八年から八九年にかけて発生した東京・埼玉連続幼女誘拐殺人事件以降である。

(2)「コミックマーケット」、「コミケット」、「コミケ」はいずれも、有限会社コミケットの登録商標である。

(3)コミケット公式ホームページ（http://www.comiket.co.jp/archives/Chronology.html 最終閲覧日：二〇一六年四月一三日）参照。

(4)「コミックマーケットとは何か？（日本語版）」（http://www.comiket.co.jp/info-a/WhatIs.html 最終閲覧日：二〇一六年四月一三日）参照。

(5)正式な声明はないが、中国では一般的に「狼」を人名に用いないことなどが理由とされている。

(6)『中国コンテンツ市場調査（6分野）二〇一四年版（二〇一五年三月）』『中国における日系コンテンツ受入状況等データ（二〇一四年度第三・第四半期）（二〇一五年七月）』https://www.jetro.go.jp/world/reports/2015/02/1f66d8225adddff.html、https://www.jetro.go.jp/world/reports/2015/02/cbf40a198d1800d1.html（最終閲覧日：二〇一六年四月一八日）参照。

(7)二〇〇〇年から一一年のあいだに中国のアニメオタクがインターネット上でコミュニティの構築を試みはじめたのだが、中国のオタクたちはそれ以前にも、コミュニケーションの場を構築するためにさまざまな実践をおこなっていた。その中でも代表的なのが、オタク向けの専門情報誌と、本章第4節で詳述する動漫イベントである。雑誌については、一九九七年からオタク向けの専門情報誌が続々と創刊されていった。これらの雑誌はアニメやマンガの海賊版問題と同様に、国外コンテンツの利用に関する権利問題を抱えていたため、そのほとんどが二〇〇〇年代半ば頃に廃刊となった。ただし、このような専門雑誌の一時的な発展は、二次（同人）創作の発表の場や、オタクたちの言論の場としての役割を果たしたことに大きな意味があった。

（8）第三七回（二〇一六年一月）・第三五回（二〇一五年一月）・第三三回（二〇一四年一月）中国インターネット発展状況統計報告（第三七次・三五次・三三次中国互聯網絡発展状況統計報告）（それぞれ、http://www.cnnic.cn/hlwfzyj/hlwxzbg/hlwtjbg/201601/P020160122444930951954.pdf、http://www.cnnic.cn/hlwfzyj/hlwxzbg/201502/P020150203551802054676.pdf、http://www.cnnic.cn/hlwfzyj/hlwxzbg/hlwtjbg/201403/P020140305346585959798.pdf 最終閲覧日：二〇一七年四月一八日）参照。

（9）中国における古典の要素を時代設定などに取り入れた小説。この呼称は投稿型のウェブ小説の流行によって広がった。若手作家の作品が多い。

（10）「妆娘（粧娘）」というネットスラングは、コスプレをするには特殊なメイクを施す場合が多く、高度なメイクアップ技術を有する女性が担当することが多いことから来たと思われる。

（11）たとえば、「coser」が「この作品のこのキャラをやりたい」と思いつくと、「撮影」と「粧娘」に声をかけて制作に入り、グループ作業で作品に仕上げる。作品の写真をインターネット上に掲載する時には、「CN（coser name）：氏名：撮影：氏名：化粧：氏名：小道具：氏名」といったように、グループとしての共同作品であることが分かるようなクレジットをつけるのが慣例である。

参考文献

日本語文献

相田美穂（2005）「コミックマーケットの現在――サブカルチャーに関する一考察」『広島修大論集　人文編』四五巻二号
田歌・高橋光輝（2015）「中国における動漫イベントの現状と課題について」『情報処理学会研究報告――

グループウェアとネットワークサービス』二〇一五-GN-九三巻四五号
森川嘉一郎（2008）『趣都の誕生――萌える都市アキハバラ　増補版』幻冬舎文庫
玉川博章（2007）「ファンダムの場を創るということ――コミックマーケットのスタッフ活動」『それぞれのファン研究――I am a fan』風塵社
祝方悦（2011）「中国の若者における日本ポピュラー文化の受容――アニメ・ファンの受容態度からの考察」『市大社会学』一二号

中国語文献

陳里（2004）「動漫展尷尬――懂辦展的不懂專業　懂專業的不懂辦展」『中國經營報』（新聞）二〇〇四年七月一九日号
陳強・騰鶯鶯（2006）「日本動漫在中國大陸傳播分析」『現代傳播（中國傳媒大學學報）』四号
陳席元（2014）「彈幕話語建構的青年亞文化網絡社群研究――以嗶哩嗶哩網對 Keyki 事件反應為例」『電腦知識與技術』二〇号
馮凝華（2013）「共生――國內的二次元同人創作與漫展」『中國電視（動畫）』四号
呉燏（2010）「傳播學視角下的國內日本動畫字幕組研究」中南大學（修士学位論文）
楊昊（2011）「1981-2010――日本動漫在中國大陸的傳播史研究」南開大學（修士学位論文）
張放・甘浩辰（2012）「動漫同人展及其商業化運作可能性探析」『國際新聞界』二〇一二年八号
張麗・徐海翔・銭紅陽・于昆（2006）「動漫展――美好時代的終結 VS 復興？」『中國會展』一五号
周檁（2007）「中國本土動漫展的現狀與出路研究」廈門大學（修士学位論文）

英語文献

Condry, I.（2010）"Dark Energy: What Fansubs Reveal about the Copyright Wars", *Mechademia*, 5, Minneapolis, University of Minnesota Press. =（2010）椎名ゆかり訳「暗黒エネルギー――コピーライト・ウォーズについてファンサブが明らかにするもの」『一橋ビジネスレビュー』五八巻三号

Leonard, S.（2004）*Progress against the Law: Fan Distribution, Copyright, and the Explosive Growth of Japanese Animation*, Cambridge, Massachusetts Institute of Technology.

第六章　ジン（zine）が媒介する場づくりの哲学

阿部　純

1　はじめに

(1) ジンとは何か――そのつくり手が目指すもの

筆者は現在、広島県尾道市に住んでいて、友人たちと一緒に*AIR zine*[1]という名前のジンをつくっている（図表6-1）。ジン（zine）とは同人誌を意味するファン・ジン（fan zine）の短縮形ともいわれ、個人や少人数で自主制作された出版物を指し、編集から印刷、流通までをすべて自分たちで手掛けるメディアのことをいう。

ジンというメディア形態の始まりには諸説あるが、一九三〇年代のアメリカでSF小説のファンたちがつくったファン・ジンの系譜に、今のジン文化があるともいわれている。ジンを制作し交換するという営みは、世界中でおこなわれていることだ。いまやものづくり文化を牽引する街となったアメリカのポートランドで、ジンのシンポジウムを開催したり、ジンのオンラインショップを経営するレック（Wrekk, A.）は、ジンのつくり方をまとめた著書 *Stolen Sharpie Revolution: a DIY resource for zines and zine culture* で、次のように説明している。

図表6－1　*AIR zine* の制作。版下をつくり、輪転機で制作している

出典：執筆者撮影

> ジンのコンテンツは、あなたが話したいことであれば何でもよい。個人的な経験やストーリー、政治的なイデオロギー、音楽批評や、ガーデニングについて、旅行記でもマンガでも写真でも何でもいいのである。ジンは個人やグループの考えをまとめあわせたものであり、それらはたいていの場合、印刷物である。（Wrekk 2005: 3）

ここに書かれているように、ジンの内容は「あなたが話したいこと」であれば何でもありである。内容だけでなく、自分の書いたものをどのようなメディアに落としていくかを考え（ジンにはカセットテープやＤＶＤなどのメディアも用いられるが、本章では以下、紙の冊子に限定する）、置いてもらう場所

を探し（もしくはつくり）、ほかのジンとトレードすることもまた、ジン制作の醍醐味である。本書には、紙一枚を折って冊子の形状をつくる方法や、町の印刷所を活用する方法など、ジンをつくるためのノウハウがコンパクトにまとめられていて、いろんな人がジンに関わることを推奨する。*Stolen Sharpie Revolution* のような、ジンの制作方法について書かれたガイドブックやウェブサイトは、国内外を問わず多く出てきていて、ジンが広がるきっかけとなっている。

それでは、なぜ、筆者たちがジンをつくることになったのか。答えは非常に簡単で、自分たちが普段考えていることを書きとめ、「かっこいい」と思うレイアウトを組んで、小冊子に落とし込む楽しさに気づいてしまったからだ。*AIR zine* に携わっているのは筆者のほか、アーティスト・イン・レジデンスという活動をおこなっている人や、町の空き家再生に関わる人、アーティスト、学芸員、グラフィック・デザイナーと、美術に関係している人が多く、デザイナーと筆者以外はこれまでこういった小冊子の発行に関わったことがなかった。学級新聞をつくるような要領で、文章を書き、写真を集め、これらを切り貼りして版下をつくり、輪転機で必要な分だけ紙に刷っている。ジンの内容も、アーティストが作品の構想を書きとめたものから、尾道ならではの臭突（くみ取り式トイレ用の煙突）のデザインを描きとったもの、尾道の赤線地域の歴史、町を自転車で動き回るおじさんの話など、筆者たち自身が気になったものごとを中心に取り上げている。定価は五〇〇円ほどで、*AIR zine* の Facebook ページや Tumblr ページをつくって宣伝したり、近隣の店に委託したり、国内のジンのイベントに出展するなどして販売をしているが、次号の元手になるほどの利益は出ない。そのことがほとんど気にならないのは、利益を得るためというよりは、表現手段の試行のためにジンを制作してい

図表6－2　尾道で開催された「ZINE CIRCUS1」の様子

出典：執筆者撮影

るからだろう。

ジンをつくる時に常々課題となるのが、読んでもらいたい人にどうやって届けるかということだ。ジンは大手出版流通にはのらず、ウェブページで販売するといっても個人でできることは限られている。そこで筆者たちは、販売場所を自分たちでつくることにし、二〇一三年にジンのイベント「ZINE CIRCUS1」を開催した（図表6－2）。自分たちがおもしろいと思うジンを全国から集めて三カ月ほど展示販売し、会期中にジンについて語り合うイベントも企画した。すると、来場者が自分のジンを名刺のように置いていくなどし、ジンが好きな人たちとのネットワークが少しずつ厚みをもっていくことを実感したのである。

(2)　小冊子制作のリバイバル？

図表6－2のように、みんなで集まってジンを読み合い、内容やデザイン、作者自身のことを想像しながらのおしゃべりは、なぜかとても盛り上がる。まるで手紙の

ようなプライベートなメディアが流通することによって、いったい何が共有されているといえるのだろうか。

日本においては、ジンという名称で営まれる新たな文化事象は、二〇〇〇年代に一気に広がりを見せるようになったと考えられている。このことは、雑誌『アイデア』で二〇一四年一〇月号から連載が始まった「日本のZINEについて知ってることすべて」の第0回でも触れられている。この連載の著者は、「ネットワーカー」「古雑誌蒐集家」「周辺文化研究家」のばるぼら（＝B）と、翻訳家の野中モモ(2)（＝M）のふたりである。野中自身もジン制作者であり、ジンのオンラインショップ「Lilmag」を運営している。

B　日本だと二〇〇〇年代に入ってから脚光を浴びたものがZINEという印象を持ってる人たちが多そうだけど、実際は二〇〇〇年代にZINEリバイバルが起きたって感じでしょう。

M　反権威的なＤＩＹ文化よりのZINE活動の手引き『*stolen sharpie revolution*』の初版がアメリカで二〇〇二年に出てる。日本のメディアでよく紹介されたアートワールドよりの展開では、スイスのNIEVESがホチキス止め冊子スタイルの作品集をZINEシリーズと言って出しはじめたのが二〇〇〇年代中頃ですね。本誌『アイデア』三二〇号でも彼らの「ZINE library展」の特集が組まれていたし。［…］二〇〇九年からユトレヒトとPAPERBACKがZINE'S MATE（現TOKYO ART BOOK FAIR）を開催していたり。（ばるぼら・野中 2014: 190）

国内では、ジンのような小冊子は従来、「ミニコミ誌」、「同人誌」、「リトルプレス」、「インディーズ・マガジン」など、さまざまな名称がつけられてきた。それに対して近年の動きは、海外の「アートワールドよりの展開」が紹介され、受容されてきたもので、二〇〇〇年代に入って「リバイバル」したものと考えられるようだ。ばるぼらは、この「リバイバル」の理由として「インターネットが一段落した」ことを挙げている。いつでもどこでも連絡をとることができる「オンライン万歳」とでもいえるようなブームが一段落し、情報のやりとりや記録における、時間的、物質的距離感が見直されてきたとも言い換えられるだろうか。このことはまた、草の根でひそやかに動いていた小冊子制作活動が、インターネットによって表立って見えるようになってきたということでもあるだろう。当然、ジンを交換するイベントの情報も、インターネットで容易に拡散される。「デジタルに飽きたから紙」という単純な流れではなく、身のまわりのメディア環境を使いこなすなかで、自分たちの声を伝える場の選択肢が増えてきたということだ。

それでは、「リバイバル」したといわれるジンをめぐって、いま何が起こっているのか。特色あるジンの紹介や年代ごとの特性は『アイデア』の連載に委ねるとして[3]、こうした小冊子の「リバイバル」について考えていくために、本章ではそのつくり手の立場から、ジンが共有されるイベントに着目する。それは多くの場合、特定の誰かがマイクをもって話すといった一方的な形態ではなく、そこにいる誰もが参加できる場づくりが徹底されている。このしつらえの背景には、ジンという吹いたら飛んでいきそうな小さなメディアに立ち現われる多様性を尊重し、これらをどのように維持していくかという、DIY（Do It Yourself）文化の思想がある。自分（たち）がいま考えていることを話し合える場所をいかに確保していくかという、自分（たち）の居場所を獲得するための試みでもある。

そこで第2節では、ジンとの比較対象としてミニコミ誌に着目し、こういった小さなメディアを出版することがどのように必要とされ、伝播してきたのかについて歴史的に概観する。第3節ではグローバルに展開されている近年のジン・イベントの諸相を明らかにする。その一方、国内に目を向けると、昨今のジンをめぐる動きは、自分たちの暮らしのリアリティを託すメディア、ないしは出版活動としても着目されている。そこで第4節では、ローカルで制作されているジンやジン・イベントの動きについても合わせて見ていきながら、ジンをつくり、共有していく試みが持つ今日的意義について検討する。

2　ジンの特異性——ミニコミ誌とジンの交わるところ

(1)　自分（たち）のメディアをつくる文化——ミニコミ誌史

言うまでもなく、ジンのような小冊子を制作し流通させるという文化は、今に限らず昔からおこなわれていることだ。たとえば、ミニコミ誌は一九六〇年代後半、学生運動とともに一気に広がったといわれている。ミニコミとは「ミニ・コミュニケーション（mini communication）」の略語で、マス・コミュニケーションと対置した草の根のメディアとして、その思想と実践が継承されてきた。とくに、日本には世界最大のオルタナティブメディア・マーケットである「コミックマーケット」——通称「コミケ」——があり、あらゆる趣味と創作の文化を支えている。本節では、ジンの特徴を浮き上ががらせるために、ミニコミ誌やタウン誌といった小冊子が担ってきた歴史的役割を紐解きながら、自分たちのメディアをつくることの意味がどのように語られてきたのかを概観する。

ライターで編集者の南陀楼綾繁は『ミニコミ魂』という著書のなかで、ミニコミ誌という草の根のメディアが立ち上がった時期として、五〇年代に注目している。たとえば、一九五六年には、雑誌『思想の科学』でサークル雑誌時評「日本の地下水」という連載が始まっている。このように逆説的にも、ミニコミ誌を紹介するマスメディアが登場したことで、その存在に注目が集まるようになったということだ（串間編 1999）。メディア学者の田村紀雄たちは六〇年代、この時評欄でミニコミを、「無名性」、「切実性」、「単機能性」、「非マスコミ性」、「非デラックス性」、「反平均性」、「反泰平ムード性」を兼ねそろえたものであると定義する（田村・仲村・西浦 1966）。この定義によればミニコミとは、マスメディアとは異なり、名だたる人やプロの人たちが執筆し編集するものではないこと、その上で、誰かが発信せねばどうにもならないとの気概をもち、ともすると思想として偏っている部分もあるかもしれないが、社会の多様性を担保するメディアとしてあるということだ。ミニコミは「反権力としての立場を代弁するメディア」（藤竹 2011: 21）ともいわれ、声なき声を表現する切実なメディアとしても位置づけられてきた。

このようにミニコミをまとめてしまうと、草の根の思いを束ね市民運動を支えるメディアとしての側面ばかり強調されてしまうが、もちろんそれだけではなかった。一九七〇年代前後から、「いままでいったらサブカルの元祖みたいな、［…］政治色一本ではない、非常に文化的な内容を持ったミニコミ」（道場・丸山 2013: 188）も出てきて、自己表現に特化した冊子や情報誌、キャンパス誌も目立つようになってきた。

一九八一年には『別冊宝島　メディアのつくり方――すぐに役立つ編集・印刷ハンドブック』が刊行され、「反―」「非―」といった政治的、思想的なメッセージというよりは、自身のメディアを持つことの有用性に重点が置かれている。版下のつくり方から第三種郵便物の許可のとり方まで、こと細かに記された本書の編集後記には、以下のように書かれている。

ごく普通の人びとが、どんどん自分のメディアを作りはじめたなら楽しいだろう。日常的に身の回りに溢れている既成のメディアから一方的に送られて来る、操作された情報ではなく、ごく普通に生活している中の経験を伝え合う、暮らしの場で起こる問題を素手で拾いながら、共通の問題へと意識化していくようなメディアを作りたい。（別冊宝島 1981: 251）

八〇年代といえば、雑誌の創刊が相次いだ時期でもある。あらゆる言説がカタログ化され、ストーリーとなってマスメディアから立ち上がってくるなかで、「ごく普通の」自分たちの「暮らしの場」に目を向けることが際立ったこととして受け取られるようになる。それぞれの足場を見つめ直し、編集や印刷に関する技術を自分流に使いこなしながら「自分のメディア」を通じて伝え合う。自分の日常をほんの少しアウトプットする試みとしてのミニコミ制作が、このようなハンドブックを通じて継承されていく。

こういった動きについては、現代のジンにも共通する部分が多い。たとえば、女性の声がなかなか反映されない社会にあって、クローゼットのなかに隠れてしまいがちな言葉を拾いあげる「ガール・ジン」が、オルタナティブなメディアとして注目され、ジンの内容分析やジンをめぐる文化史的研究も、国内外を問わずおこなわれている。特に、野中がピープマイヤー（Piepmeier, A.）の著書『ガール・ジン（*Girl Zines*）』を翻訳したことで（Piepmeier 2009=2011）、「声なき声」を伝える自分（たち）のメディアとしての（ガール）ジンという存在が、国内でも広く知られるようになった[4]。マス・コミュニケーションにのらない声をどのように拾いあげ共有するかが問われる時に、ジンという小さな冊子にその思いが託されていくのである。

(2) ジンが置かれる場所——個人経営書店とのネットワーク

それでは、ミニコミ誌はどのようにして世の中に広がっていったのだろうか。一九七〇年代には、たとえば、東京・神保町にあった地方小出版物を扱う「書肆アクセス」といった店を通じて、ミニコミ誌やタウン誌の存在を知ったという声も残されている[5]。地方小出版、ミニコミ誌、タウン誌を扱う店が全国各所につくられ、喫茶店の一角にミニコミ誌が置かれたりもしていた。持ち込まれたミニコミ誌はすべて置くというスタンスを今も貫く東京・新宿の「模索舎」が、一九七〇年に五味正彦らによってつくられ、秋田の「無明舎」、京都の「ほんやら洞」、金沢の「もっきりや」など、ミニコミ誌やタウン誌のネットワークとなる場所自体も自分たちでつくっていく流れがあった（五味・成田・細谷 2012: 174）。一九七一年には、ミニコミ誌の収集や実態調査、制作活動を啓蒙する組織として「日本ミニコミセンター」が設立され、ミニコミ誌の社会的存在を高める拠点も同時につくられていった

（道場・丸山 2013）。

それに対して近年のジンは、大型書店の一角に置かれているものもある。筆者自身がジンの存在を知ったのも、二〇〇〇年代初頭の大型書店だった。大学のゼミの仲間と一緒に「ブックファースト」や「タワーレコード」の雑誌売り場の一角でジンをあさり、自分たちのジンづくりの参考にしていた。

しかし、大型書店に置かれるジンは氷山の一角に過ぎない。今のジンの流通を支えているのは、やはり個人経営書店であろう。東京では新宿の「模索舎」や吉祥寺の「タコシェ」、京都では「レティシア書房」などが、その代表例として挙げられる。これらの書店は言うまでもなく、書籍販売規模としては大型書店にはかなわないが、そのぶん選書に店の特徴が出ている。大手の出版流通を介さずに、作者と直接やり取りしながら委託販売される書籍や冊子も多く、そのなかにジンの棚もつくられ、情報を交換する場にもなっている。筆者も *AIR zine* を毎回、自分の手で書店に納品しているが、そのさいに書店の方から最近のジンについての情報を教えてもらったり、自分たちのつくるジンの相談をしたりすることも多い。「新しい号をつくるのにまた時間がかかってしまいました」と伝えるやいなや、書店の方は、「ジンはそういうものですよ、できるまで待ちますよ」とおっしゃる。ジンは単価が安い、部数が少ない、知名度が低い、不定期刊行であるなどの理由から、書店に対する経済的な貢献はほとんどないといっても過言ではない。だが、それゆえ、その人にしか言えないこと、ジンだから書けることがあるともいえる。売り手がこのことを十分に理解し、よき読者でいてくれるからこそ、ジンのつくり手はつくり手でいることができるのである。

それに加えて、ジンの流通を支えるインフラとして、オンラインメディアの存在も忘れてはいけない。店舗とオンラインの両方でジンを売っている書店もあれば、ジンの制作者たちが自身で運営するオンラインショップもある。新しい号ができると自身のウェブページでそのことを宣伝し、SNSを通じて情報を拡散させ、買い手と直接やり取りをする。ほかにも、先に挙げたLilmagのように、ジンや雑貨などの自主制作物を専門に販売するオンラインショップも存在する（このようなショップは「ディストロ」と呼ばれている）。店主たち自身がジンの制作者であることも多く、国内外で発行されているジンの情報にも強い。店主たちがこれらのジンをどのように読んでいるのか、何を薦めているのかを見ていくことも楽しみのひとつであり、こういったオンラインメディアが国内外の多様なジンに触れる間口となっている。

(3) ジンを支える技術と場づくり

このようにジンは、資本に裏打ちされた組織体や安定した流通網を持っているわけではない。自分（たち）のメディアをつくりたい／読みたいという個人の欲望に支えられて、ジンを交換し販売する機会がつくられていく。この「つくりたさ」がより身近に感じられるようになった理由のひとつとして、デジタルメディアの普及が挙げられるだろう。紙もののジン文化とデジタルメディアというと、一見して相いれないように感じるかもしれない。だが、一九八〇年代後半のマッキントッシュの普及によって、コンピュータのデスクトップ上での編集が容易になり（デスクトップ・パブリッシング）、アメリカ西海岸においてジンがブームになったことはよく知られている。その後、一九九〇年代のインターネット黎明期には、いかようにもおもしろくできそうな未開状態のワールド・ワイド・ウェブ

（WWW）上に e-zine がつくられるようになった。このように自作文化を支える道具として、デジタルメディアの貢献は大きい[6]。古くはガリ版や製版機に始まり、近所の印刷屋に出向いて版下からつくっていたミニコミ制作がコピー機やパソコンでも可能になり、多様な選択肢を駆使して自前のメディアをつくりこめる環境へと移っていく。

ピープマイヤーは、ジン制作の動機を説明するさいに「身体化されたコミュニティ」をキーワードとして使用している。ジンをつくって（書いて）、交換するさいに現れるコミュニティやジンの物質感は、コンピュータの前から「身体的に他の人間たちに「再接続」する」（Piepmeier 2009=2011: 109）。これは、第1節で取り上げたばるぼらの「インターネットが一段落した」という言葉とも通じる指摘だろう。SNSを介して個人と個人が即座につぶやきあい、場所や時間を疑似同期させていく楽しみ方とは異なり、ジンは「手触りのある」コミュニケーションとして語られることが多い。ジンの内容もさることながら、つくり手たちの「実際の肉体的行為」（Piepmeier 2009=2011: 132）を、手書き文字やコラージュの跡、テープの線などからも実感することができるからだ。こういったジンのつくりこみは、アナログメディアならではの楽しみ方というよりは、より正確に言えばデジタルが身近な表現道具となったことにより、手触りのあるものづくりを介した場の存在感が加速度的に増してきているということだろう。

このおもしろがり方はジンの制作についてだけでなく、ジンを介した場をつくることの盛り上がりにもつながっていく。ジンをつくれば、何とかお披露目する機会はないかと思い、これらを交換できる場所を探したり、その場所自体をつくろうとする。ジンのトークや展示・販売イベントなどを介して、局所的かつ一過性の、人びとが集まる場所をつくるのである。次節で触れるが、ジンのイベントは、ガレージやカフェ、アートギャラリーといった、すでにある場所を転用して開催されることも多く、友人関係の一歩先くらいの人間関係の網の目が構築されていく。たとえば、新宿でインフォ・ショップ「イレギュラー・リズム・アサイラム」(以下、IRAと略記)を運営する成田圭祐は、ジンやミニコミをはじめとする自主制作物を売る場所、人が集まる場所をつくっていくことを「DIYパンクシーン」という言葉で表現している(五味・成田・細谷 2012: 177)。「インフォ・ショップ」という名前自体はじめて目にする読者も少なくないと思うが、自主制作物を求める人たちの情報や物自体を共有するための拠点といえばよいだろうか。IRAは二〇〇四年に開業し、情報や物を流通させていくリアルな場所をつくり、その場所から人を縦ではなく横につなげていくことを意識しているという。みずから表現して終わりではなく、ほかの人とジンをトレードしたり、ほかの人にジンをディストロしてもらったりなどして、人とのつながり方自体をつくっていく(OYAIZU 2016)。

「ジンを販売する」といっても、お金を介さずに物々交換することもよく見られる光景だ。ジンの交換手段さえもDIYで独自に決め、その時々でちょうどよい進め方を模索していく。ジンにまつわる事がらを見ていくと、あらゆることを常態化させない試行の連続であることに気づかされる。このように、ジンはあらゆる場所に寄生して、「身体化されたコミュニティ」をつくるきっかけとなる。デジタルメディアを介して人びとが過分に常時つながっているとされる現在において、ジンのような個人的な小冊子が、一時的とはいえ町のそこかしこに侵入しつつあるということは、コミュニケーションの方法や価値観を更新するための「日常の代案」がどこかで求められ続けているということでもあるだろう。

3　ジンのある場所――ジン・イベントの展開

それでは、実際のジン・イベントにおいて、どのような「日常の代案」が示されているのだろうか。ジンのイベントは、短い時は一日、長くて二週間程度の期間で開催される。生産者の写真を見せながら野菜を売るように、私的な書きものをつくり手から直接入手し、その感想を対面やウェブページ上で共有し、次なるジンの制作につなげていく。こういった小さな読み物をめぐるサイクルを支えるのがジン・イベントである。

たとえば、ウェブの検索エンジンで「Zine Fes」と入力してみてほしい。世界のあらゆる場所でジンのイベントが開催されていることが一目でわかるだろう。ロサンゼルス、ブルックリン、サンフランシスコ、シカゴ、ニューオリンズ、ボストン、グラスゴー、サンパウロ……。ジンがメインではないイベントも含めると、この数は一気に増えるだろう。多くのジン・イベントにおいて特筆すべきは、ジンが展示・販売されているだけではなく、ジンをつくるスペースが並置されていることである。ジンを見せることとつくること、読むこととが同時並行でおこなわれているのである。ジンをつくるために必要な文具やコピー機などを共有しながら、ノウハウがあるようでないようなジン制作を経験していく。本節では、アムステルダムの「ReKult」とベルリンの「ZINE FEST」、そして日本でのジンのイベントについて概観しながら、ジンの交換される現場で起こっていることを考察したい。

(1) ReKult ——アムステルダム

ReKultは二〇〇八年一月、文化的かつアーティスティックな創作プロジェクトや活動のためのプラットフォームとして創設された、非営利の組織である。ReKultという名前は、"ReThinking Culture"を略したもので、ヨーロッパを中心とするあらゆる場所で文化的な対話を興すミーティング・ポイントとしてあることを目的とし、その手段としてジンを介したイベントを何度もデザインしてきた。

ウェブサイトのアーカイヴを見ると、各自がつくってきたジンを持ち寄って売買・交換するだけではなく、その場に集まった人たちでジンをつくることを楽しんでいるのがわかる[7]。ひとつの大きなテーブルを囲んで、ビールを飲みながらジンをつくったり読みあったりする写真も掲載されている。ジンを天井から吊るし、部屋全体を「森」に見立てた装飾にしているのも特徴的だ(図表6-3)。ジンは背表紙のないものや自立しない形態のものも多く、書籍と同じように本棚にさしてしまうと、途端に何だかよくわからなくなってしまう。そこで、飾り方にも工夫が求められる。なかでもジンを吊るすというのは、あらゆる角度からそれを見ることができる効率的な方法なので、各所で採用されている。こういった展示のレイアウトを見るのも、ジンのイベントに行く楽しみのひとつである。

筆者もまた、二〇一三年にReKultが主催した「ZINE JAM」に*AIR zine*を携えて参加した。*AIR zine*は残念ながら日本語表記のみなので、ZINE JAMに参加した人の多くは読めなかったと思うが、雰囲気だけでも知ってもらいたいという気持ちで、指定の申込用紙を添えて送付した。この申込用紙も非常におもしろく、質問形式でつくり手たちの思いを共有できるようになっている。名前や出身地

図表６－３　「AMSTERDAM ZINE JAM 2013」の様子

出典：EVENT | AMSTERDAM ZINE JAM（http://www.rekult.org/azj2013/ 最終閲覧日：2016年１月８日）

を書くことから始まり、出品するジンの内容と、何にインスパイアされてこのジンをつくったのかを説明する。そして最後は、「今まで読んだ中で一番ストレンジだったジンは？」という質問で締めくくられる。作者に会えずとも人となりが見えてくるような質問で、どう答えようかと悩むのも楽しい。しかも、このようにして世界各地からZINE JAMに届けられたジンは、最終的に紙のカタログにまとめられ、参加者に郵送される。カタログをめくると、どこの地域からどのようなジンが届いたのかが一覧してわかるようになっており、たとえ現地に行けずとも参加した気持ちが高まるから不思議だ。そして、このカタログがあることによって、自分たちのジンが遠く離れたところにいる人たちにも届いたのだということを、改めて実感できたのである。

そのほか、若手の映像作家によるムービー制作ワークショップをおこなったり、ジンのつくり手が自身のジンをプレゼンテーションする機会があったりなど、単にジンを交換する場というよりは、自分（たち）のものづくりの場所を共有することに重きが置かれているのがわかる。ReKultのステイトメントに「プラットフォーム」という言葉が使われていることからもわかるように、彼らにとってジンのある場所とは、自身の思いや考えを共有する場としてだけでなく、その考えを表現する術を学び、ブラッシュアップさせていく空間として捉えられているのだろう。

(2) ZINE FEST ――ベルリン

続いて、ベルリンの「ZINE FEST 2015」について、現地に当時滞在していた友人の便りをもとに紹介したい(8)。ZINE FESTは二〇一一年に始まったイベントである。ZINE FESTのステイトメントによれば、これはジン愛好家たちによってつくられる催しであること、彼らにとってジンとは“individual autonomous voices”(個人的かつ自律的な声の集まり)であり、ZINE FESTを通してこの声を発信し、これらのジンがいかにすばらしいものであるかを世に知らせたいとの思いを込めて開催されている。そして、ステイトメントの後半では、これがDIYイベントであることも明記され、参加者の誰もが責任をもってイベントに関わり、助け合い、互いに互いを紹介しあうようなかたちで技術や情報を共有する場所にしたいと伝えている。

ZINE FEST 2015はクロイツベルクという、移民と若者が多く住む街の空きスペースで開催された。「アート系」、「フェミニズム系」、「その他」のジャンルに振り分けられ、アーティスト・ブックや、パンク、ジャパニスムなど、さまざまなテーマをもつジンが出品されていた。友人から送ってもらったジンは、ベルリンでのDIYの指南書やベジタリアンとしての生き方についてのもの、女の子とピンクに関するものなど、いずれもアートワールドに近いもので、コピー用紙に印刷してホチキスで留める形式のものが多かった。売り手の中にはドイツ語を話せない人もいたり、「アメリカにしか売っていない」というジンを売っている人がいたりと、出自も好みもさまざまな人たちが一堂に会していたという。そのほか、受付のそばには「OPEN ZINE WALL」という大きなウォール・ポケットが用意されており、そこに自分のジンを勝手に置いて売ってもいいというシステムも採用されていた（図表6－4）。そのなかには無料のものも多かったが、〇～一五セントほどの投げ銭制や「二～五ユーロ以内であればいくらでも」といった形式のものも多く、あらゆることをゆるく決めておくやり方で交換されていたようだ。

ここでも、ジンをその場でつくることのできる「CRAFT AREA」が設定されており、飲食をしながら気ままにジンをつくる様子も見られる。ジン・イベント全体のプログラムとして、トークやワークショップもおこなわれていたが、その時間帯に行っても何も始まっていないこともあり、総じて自由な雰囲気の空間であったようだ。このようにジンのイベントでは、そこかしこであらゆる企画が走っており、何がどこでおこなわれているかといった全体の動きを把握することが難しいことも多い。いったん中に入れば、つくり手・売り手・買い手の会話がいたるところで起こっているだけでなく、突発的にジン制作がおこなわれているという状況でもある。ふらっと来た人が、帰り際にはつくり手になっていたりもするわけで、立場や役割をこえたところでやり取りができる楽しみがジン・イベントにはある。

図表６－４　ZINE FEST 2015

出典：三井麻央氏撮影

(3) TOKYO zinester gathering ――東京

それでは、日本ではどのようなジン・イベントがおこなわれているのだろうか。代表的なものとして「TOKYO zinester gathering」（以下、「ジンギャザ」と略記）が挙げられる。第一回は二〇〇九年、オーストラリアのメルボルンにあるジン・ショップ「STICKY INSTITUTE」からの誘いで、東京・高円寺のリサイクルショップ「素人の乱12号店」で開催された(9)。主催はLilmagとＩＲＡである。その後、場所を変えながら回を重ね、二〇一五年一二月で一〇回目の開催となった。ここでおこなわれることの多くは、ReKultやZINE FESTと同様に、ジンの交換や販売、配布、その場でのジン制作などである。最近はこれらの活動に加えて、ライブ・パフォーマンスの時間なども設けられている。

筆者は二〇一一年と二〇一四年、東京都練馬区の「pool」でおこなわれたジンギャザに参加したことがある。二〇一一年には、故人となった映像作家に関して語り合ったことを友人がジンにまとめ、それを会場内にある「万置きコーナー」という、勝手にジンを置いてよいスペースに置いていた。会場に行く前に、ハンバーガーショップでホチキス片手にページを並べてジンを仕上げ、急いで会場に向かったことをよく覚えている。会場は地下のガレージのような場所で、シートや布を所狭しと広げて、持参したジンを並べる人たちでごった返していた。階段や壁にもジンをはじめとする自主制作物があふれていた。その傍らに膝を抱えて座っている売り手の人たちがいて、ジンの内容やつくり方について質問しながら少しずつ話の輪を広げていった。

二〇一四年のジンギャザでは、天井から網（ジンビキアミ）が吊り下げられており、自身が持ってきたジンの見本を自由に吊り下げておき、参加者に好きなように見てもらうことができるようになっていた。参加者は周りの人に訊いたりしながら、まるで謎解きのように、気になったジンに近づいていく。主催者は次のように薦めている。

見本のZINEを閲覧して、「これが欲しい！　買いたい！」と思ったら、会場内で作者を探して各自交渉してください。周りの人に「これ作ってるの誰？」と聞いてみましょう。ZINEを持ってくるかたには、自分が作者だとわかるような装いをすることを推奨いたします。あなたのZINEのTシャツ、腕章、バッヂなど、この機に自作してみてはいかがでしょう？　さらに、できればZINEを身に付けて持ち歩いていただきたいです。(10)

筆者がここで手にとったのは、フェミニズムに関する一枚もののジン、*ASTRID*だった。スウェーデンで出版された *upprор pagar FEMINISTER I TRE GENERATIONER* という、娘、母親、祖母の三世代が考えるフェミニズムにまつわる言葉をまとめた本の抄訳である。重苦しくなくジェンダーについて思考する手紙のようなジンを見てすぐに「欲しい！」と思い、「このジンをつくった方はいらっしゃいますか」と主催者に訊いてみた。つくり手の方によれば、「それは在庫がもうないので……その見本でよければどうぞ」ということだったので、一〇〇円を払って持ち帰った。初めて会う人に話しかけるのは勇気のいることだが、「欲しい」という気持ちと「どういう人がつくっているのだろうか」という好奇心によって、その一歩を踏み出すことができた。こうして一度話しかけると、聞きたかったことが口をついて出てくる。「会場内で作者を探して各自交渉」することが共有されていることによって、自身の振る舞いも変わってくるようだ。そして、ジンスタにもジンをつくる（もしくは、壊れてしまったジンを直す）スペースが設けられており、この瞬間の出会いのためにぎりぎりまで時間をかけてジンをつくることができるようになっていた。

一緒に行った友人は、会場に着くとすぐにSNSを介して知ったジンを探しに行き、「万置きコーナー」に置いた筆者たちのジンもあっという間に残部が少なくなるなど、この場には瞬間的な出会いがあふれているのを感じた。「ジンは生もの」（ELLE 2016: 21）とも言われるように、手に入れられる機会を逃すと二度と読めなくなってしまうかもしれない、という「鮮度」がある。もともと部数も少なく、増刷されないかもしれず、既存の流通ルートにのらないとなると、目当てのジンを手に入れるためには事前にSNSなどで情報を手にし、数少ないイベントに賭けるしかないのだ。

(4) ZINE'S MATE, TOKYO ART BOOK FAIR ——東京

ジンギャザの始まりと同じ二〇〇九年、東京・青山にある本屋「ユトレヒト」が、ロンドンを中心に活動するクリエイティブ・チーム「PAPERBACK」とコラボレーションして始まったイベントが、「ZINE'S MATE, TOKYO ART BOOK FAIR」である。こちらは名前のとおり、アートブックが主流となっている。誰でも売り手として参加することは可能だが、その場でつくったジンを販売できるイベントと比べると、少部数流通ながら洗練された冊子を介したグラフィック・デザインのイベントという風合いが強い。ユトレヒトの江口宏志とPAPERBACKのオリバー・ワトソンがディレクターを務め、初回にして一五〇組以上の出展者がいたという。

現在は「TOKYO ART BOOK FAIR（TABF）」という名称で年に一回開催され、三〇〇組ほどの出展者とのべ一万人の来場者を呼び込むイベントになっている。これまで述べてきたようなジンのイベントとは比べ物にならない規模であることがわかるだろう。TABFでは、無骨に立てかけられた木製パネルに洗練された本やジンが並び、本の展示会といったしつらえがなされている。ここでは、本の販売だけでなく、本に関わる人たちのトークイベントや映像上映など、さまざまな企画も準備されており、アーティストたちが自分たちの作品集を見てもらい、知ってもらう機会としても機能しているようだ。

共同ディレクターを務めていた江口は、TABFへの思いとして、本を「読む」だけでなく、「見せる」ことができないかということを言っている。本のつくり手、買い手、売り手といった、本に関わる人たちの顔が見える場所をつくる、そのためのフェアであるということだ。(11) この点については、これまで紹介してきたジンのイベントと共通する部分であろう。江口自身も、本をただ売るだけでない場のあり方を模索しながら、ユトレヒトを青山に開店した。その思いをよく知る野中モモは、第一回の出展にさいして、複雑な思いを自身のブログに吐露している。

今回の「ZINE'S MATE」は、表参道の、シャネルとかブルガリとかの高級ブランドが入ってるシャイニーなビルの上のギャラリーで、それ相応の（バカ高いってわけじゃないけどコミケよりは高額）出展料をとって、3日間開催する。それってアートマーケット寄りの発想で、貧乏暇なしのまさに「ジンを作るしかできない」人にはちょっとハードル高いと思うのです。そのあたりは人を集めて共同出展するとか、工夫する方法はいくらでもあるけれど。「ZINE＝お洒落なアートブック」ということになってしまったらイヤだなあ、って危惧もある。私は、丁寧な仕事のなされた洒落たアートブックというのもはっきり言って大好きです。でも、ジンというのはそれだけじゃない。基本的には何も持ってない人たちのものであって欲しい。(12)

ＴＡＢＦによって、多くの人が国内外のアート・ブックやアート・ジンを知ることになった。大型書店にあるものだけが本なのではなく、ＴＡＢＦに行けば、人びとの表現の一選択肢としての本、ＤＩＹのアイデアに触れることができる。筆者たちはＴＡＢＦを通して、デザインをつくり手と共有できる場所を得ることになったわけである。

その一方で、野中が危惧するように「ジン」という言葉の意味が拡散している現状もある。何万部と刷られる求心力の高いジンもあれば、一瞬で消えてしまうようなジンもある。取り上げる内容も、アート・ブック系のものから社会運動系のものまで幅広く、ジンの棲み分けが起こっている。「ジンのつくり方」が書籍になったり、ウェブページで紹介されて話題になるなどし、「ジン的なもの」が広く共有されるにつれて、それぞれがジンとして語るもの、ジンに求めるもののあいだに差異が見えてきているのも事実だ。それぞれのジンには、それぞれに適したイベントの規模や中身がある。その時に、ジンは「何も持っていない人たちのもの」であってほしい、という野中の思いは切実に映る。「ジンで表現する」と一言でいっても、それはとても勇気を必要とすることでもあり、イベントのしつらえによって自身のジンを置くかどうか逡巡することもあるだろう。イベントの雰囲気によって参加者も変わり、イベントの存在感も変わってくる。ジンをつくる人や読む人に向けたジンスタのようなものや、ジンを売る人や見たい人に向けたＴＡＢＦのようなものなど、あらゆる「切実さ」を引き受けるために、ジン・イベントも多様化しているのだ。

4　ジンと「ライフスタイル」

(1)　日本各地で多発するジン・イベント

ここまで触れてきたのは、アムステルダム、ベルリン、東京と、グローバルな視点やネットワークをもったジン・イベントであった。最近では、このようなグローバルなつながりをもつものだけではなく、ローカルなコミュニティを志向したイベントも全国で同時多発的に開催されている。大きなものでいえば、二〇一〇年には公園や広場でピクニックをしながらのジン交換・販売イベント「zine picnic」が東京で開催された。その後、zine picnicがウェブページで提示しているポリシーにそって、大阪や滋賀、香川などでも有志によって開催された[13]。京都では、既存の本屋とコラボレーションして集めたジンの販売会「三条富小路書店」が「ギャラリー H2o」で開催されている[14]。姫路の「紙フェス」や、福岡を拠点に活動している「10ZINE」など、ジンを持ち寄り、交換・販売するような試みが、人びととの集まる一形態として浸透してきている。

ほかにも、筆者が*AIR zine*を片手に向かったジン・イベントを紹介したい。和歌山ではリノベーションされたカフェにジン愛好家が集まっていた[15]。国内外のジンが企画者たちの推薦文とともに壁一

図表6－5　和歌山で開催された「万町 ZINE」の様子（2014年）

出典：執筆者撮影

面に掛けられ、自由に閲覧もできる（図表6－5）。松山では、個人がジン・イベント「ZINE COME HERE! In Matsuyama」を企画し、友人たちにつくってもらったジンをギャラリーで展示・販売する企画が開催され、ひっきりなしにお客さんが訪れる盛況ぶりだった。岡山でも、雑誌『ソトコト』でリトルプレスに関する連載をもつ本屋「451BOOKS」やギャラリーの「pieni deux」が企画したジン展が不定期に開催されている(16)。このイベントでは、主催者が「この会のためにジンをつくりませんか」とじかに声をかけ、イベント自体がマンネリ化しないよう工夫がなされている。どのイベントでも、他己紹介のような形でジンを薦めあったり、つくり手のトークが開催されたりするなど、ジンを介した直接的なやり取りの場が用意されている。

それでは、なぜこのような場所が各地で生まれているのだろうか。「zine のたのしさを共有すること」をモットーに活動する、「zine 部」という人たちがつくった *We love zine!* という冊子がある。これまで紹介してきたジン・イベントの企画者たちのインタビューが掲載されていて、これを読むとジン・イベントのつくり手の思いを伺い知ることができる。「そこにあるものは本屋では絶対に読めないものだから、そういうものに出会いたい。(Zine Picnic in OSAKA)」(zine 部 2015: 22) というジンの特性に注目した声や、「自分たちで本を作ったり、まわりでも作っている人たちがたくさんいて、なんかそこで「売るところがないな」て思ったんです。(三条富小路書店)」(zine 部 2015: 26) といった声があり、従来の出版流通では買えないものと出会う場をつくりたいという思いも込められている。ほかにも、「東京や大阪などの都会で Zine Picnic が開催されているときに、その盛り上がりをツイッタのタイムラインで目の当たりにしました。[…] 場所さえあれば地方でだって開催できる。[…] みんなで手作りの本を持ち寄ってコミュニケーションを楽しんでもらえればサイコーだなぁって思います。(Zine Picnic in KAGAWA)」(zine 部 2015: 18) との声もあり、人びとがつながっていく場を、自分たちの住む場所で手づくりして楽しみたいという思いがあるようだ。

このように、従来の流通にのらない本やジンを交換しながら、その地域独自の小商いの場をつくっていくことは、もうひとつの地方出版のあり方としても注目され始めている。たとえば、南陀楼は、移住をきっかけに個人で出版活動をおこなう事例や、プロの編集者がつくった地方自治体発行のフリーペーパーが県外でも読まれるようになった事例など、地方での出版や出版物のあり方が「多様化」している現状を指摘している[17](南陀楼 2016)。この意味では、ローカルで起こっているジン・イベントもまた、出版の「多様化」の一形態と考えることができるのではないか。もちろん、地方自治体の後ろ盾がある冊子と個人のジンでは、流通規模や資金力、内容に大きな差があるが、自分たちの届けたいものを届ける仕組みを模索しながらつくろうとしている点は地続きである。アウェーで戦うような気持ちで「Zine Picnic in KAGAWA」を始めたという主催者は、次のようにも語っている。「実際は違いました。少なからず、zineを知って興味のある人がいて、そういう人がわざわざ足を運んで楽しんでくれる」（zine部 2015: 19）。ジン・イベントをおこなうことで、ジンに関心のある人たちとのネットワークが、想像していた以上の広がりをもってつくられていくことは、筆者も「ZINE CIRCUS1」を通じて体感したことであった。「リアルであることに意味のあるイベントにするにはどうすればいいか?-」（zine部 2015: 17）とは、「Zine Picnic」の主催者のひとりから発せられた問いであるが、システム化された流通にのることだけではなく、可変的かつ、その場所独自の販売・交換といった具体的な関係の形式をつくっていくことをも楽しみたいという思いが、自分たちのジンやジン・イベントをつくる動機になっている。

(2) ジンから垣間見える「自分らしさ」「当たり前」

ジン・イベントを通じて自分（たち）の制作物をつくる営みが浸透していくなかで、筆者が注目しているのが、自分たちの暮らしや住む場所について語る、いわゆる「ライフスタイル系」ジンの隆盛である。自分たちでジンを交換するルールを決めていくように、自分たちの暮らし自体を省み、ごくシンプルなレイアウトで伝えようとするジンが増えてきているのである。『本の雑誌』二〇一四年一一月号に「リトル・マガジンの秋！」という特集が組まれたさいにも、誌上座談会で「かつてのミニコミは趣味系の雑誌が主流だったと思うのですが、今のリトル・マガジンはライフスタイル系が多い」という発言がなされている（辻本・林・宮川 2014: 5）。また、二〇一四年には『地域の魅力を伝えるデザイン』という、全国各地のジンやリーフレットを紹介する書籍が刊行されている。本書では自分たちの地域のジンをつくる目的が、「〝ふだん〟を届ける」（斎藤 2014: 97）、「地域のなかにある、特別でないものの価値を〝見える化〟すること」（斎藤 2014: 127）、「暮らす人々のまわりに〝当たり前〟にあるもの」（斎藤 2014: 133）といった言葉で説明され、自分たちの暮らしの「当たり前」を発見ごととして書き留めていく手法がとられているのが特徴的だ。

なぜ、ジンで自分たちの暮らしを語りたくなるのか。筆者は、『暮しの手帖』から『ku:nel』にいたるまでの暮らし系雑誌の語り口と「ライフスタイル系」ジンとを比較しながら、その理由を考察している（阿部 2016）。

一口に「暮らしを語る」といっても、その目的とするところや語られ方にはいくつかの傾向を見ることができる。たとえば、一九四八年に創刊された『暮しの手帖』は、編集長である花森安治が、徹底的に読者の生活や生活意識を改革しようとする思いを強く前に出した雑誌であった。洋服のつくり方など、今でいうところの暮らしのＤＩＹの方法論がそこかしこに散りばめられ、生活を自身でつくりあげていく文化を啓蒙しようとしたということができる。一方で、『ソトコト』『ku:nel』をはじめとする昨今の暮らし系雑誌は、生活を語る上でも「自分らしさ」といった側面が強く出ている雑誌である。日本社会に「ロハス」の概念を輸入した雑誌である『ソトコト』は、「ロハス」は「持続可

図表6―6　左：雑誌『ku:nel』の特徴についてのイラスト（作成：三宅良子氏）
右：『かみかつ時間』創刊号表紙

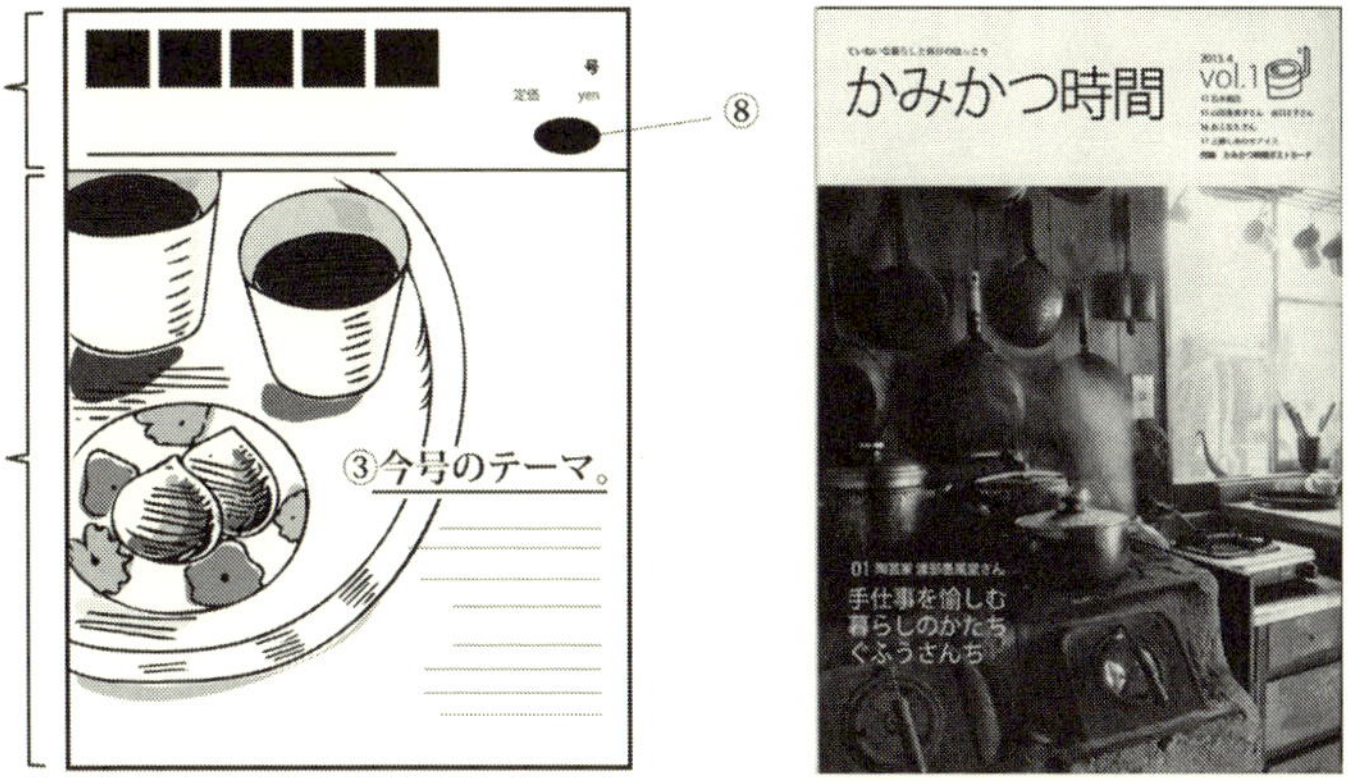

注：阿部（2016）において、『ku:nel』のデザインや内容の特徴を次のようにまとめた。表紙デザインとして、①上部五分の一に白地に黒字のタイトルが挿入される、②「無名」の素朴なものや人の写真が使用される、③「。」の多用。誌面内容、レイアウトとして、④パーソナル・ストーリーのある対象に焦点を当てる、⑤余白を重視したミニマルなレイアウト、⑥露光過多かつ背景ピンぼけ写真、⑦線描、手書き文字の多用、⑧ゆるキャラ「クウネルくん」の八点である。地域のジンでは、①から⑦にあげた点が内容やレイアウトに踏襲されている。

能」であることを重要視し、「一人ひとりにいろいろなロハスがあっていい」（ソトコト編集部・電通LOHASプロジェクト編 2005: 6）とも説いている。そして、この「私の」「あなたの」ロハスな思想を、より個人の生活に焦点をあわせて示したものが『ku:nel』だ。

昨今の「ライフスタイル系」ジンでは、『ku:nel』の形式をゆるく踏襲しながら、それぞれの暮らしが「ていねいに」語られていることに特徴がある。たとえば、徳島県上勝町に住む中野晃治氏が発行する『かみかつ時間』を見ると、表紙が『ku:nel』を彷彿とさせるレイアウトになっていることがわかるだろう（図表6－6）。『かみかつ時間』創刊号では、「ていねいな暮らし」をする陶芸家に焦点を当て、その方の住まいや工房、生い立ち、コレクション、料理によって内容が構成されている。そこに置かれている物のひとつひとつをその人物を構成するものとして捉え、手描きの挿絵を使って誌面を構成し、どのような時間を過ごしているのかを聴き取っていく。タウン誌編集の経験者でもある中野氏が、タウン誌には書かれない人びとの日常を伝えたいと思い、制作したのが『かみかつ時間』であった。筆者が話を伺いに行った時には、「今ある生活を意識し工夫を重ねていくことが、自分を取り戻すことにつながると思う」との言葉もあった。地域のジンをつくることもまた、「生活を意識し工夫」することの一つの手段としてあるのだ。

そして、本章を書いているあいだに、『ku:nel』が五〇代女性向けにリニューアルされた（二〇一六年一月）。新しい『ku:nel』については、読者による賛否両論がインターネット上で繰り広げられた。「色あせた写真」と「詩的文学的」に「淡々とした」語りで構成される「暮らし」に対して憧れを持って旧『ku:nel』を見ていたこと、「現代の消費社会」と一線を画すものであったといったコメントが並び、本誌が読者たちのどのような期待に応えていたかがわかる(18)。地域ジンの隆盛は、暮らしに対する「詩的文学的」な語りを引き継ぐファンダムのあらわれなのである。

(3)「地元文化」を語り直すシンプルなデザイン

自分たちにとって身近な暮らしについて語ろうとするさいに、『ku:nel』的な形式が踏襲される理由についてはさらなる考察が必要だが、ここで言えることは、自分（たち）の暮らしを素朴なままに書いていいのだということを、『ku:nel』をはじめとする暮らし系雑誌が提示したのではないかということだ。自身の暮らしや考え方に他者との差異化が図れなくとも、それもまた異なる個から生まれた「らしさ」として語られうる。その方向性をつくったのが、暮らし系雑誌だったのではないか。そうなると、凡庸と思われた自身の生活や、古ぼけた物、郷土料理の見え方も刷新される。シンプルな暮らしをシンプルに書くというコードが、雑誌やジンを通じて広がっていき、日常さえもこのように「美しく」書けるのだという願いにも似た思いが、ローカルのジンやそのイベントを支えている。

そのようななかで二〇一四年、日本各地のジンの勢いを象徴する「文化誌が街の意識を変える展」が、東京・渋谷ヒカリエで開催された。「D&DEPARTMENT（D&D）」を率いるデザイナーのナガオカケンメイが各県から一誌ずつ選んだ小冊子が、「文化誌」と名付けられて展示されたのである。「文化誌」は「地元文化を再確認する冊子」として紹介され、「地元の個性、魅力の再発見」のきっかけになることがうたわれている(19)。シンプルな机の上に各誌がキーワードとともに整然と並んでいて、来場者はそこで手に取って読むことができる。これらのジンを見ていて思ったことは、日本各地でこんなにも同じように「地元」の暮らしが語られているのかという驚きと、それがひとつの大きなイベントに回収されてしまうことによって、制作者たちの熱量や思いが平均化されてしまったようにも見えたという違和感であった。自分たちの暮らしを県の代表であるかのように地域単位で語られたものとして見るのか、それとも自分本位に語られたものとして見るのかによっても、ジンの読まれ方は変わってくるだろう。このように整然と並べられてしまうと、制作者たちのいろんな思いが脱色され、見る側の読みの多様性までも制限されてしまうところがある。「ライフスタイル系」ジンしかり、D&Dがおこなった本展しかり、自分（たち）の語りたい「ライフスタイル」が、シンプルさという観念に取り込まれているように感じられたのである。

5　おわりに——自分（たち）の居場所をつくること

本章では、なぜいま紙の小冊子がリバイバルしているのかについて、ジン・イベントで起こっていることを中心に紐解きながら考えてきた。デジタルメディアを介して、小冊子や人の集う場をつくる方法自体が容易に共有できるようになったいま、各地で仮設的な「居場所」が同時多発的につくられるようになっている。

このことは、多種多様なジンないしはジン・イベントをうむことへとつながり、ジンの分類不可能性を際立たせることとなっている。また、その交換を支える自治への言及なくして、ジンとは何かということを考えるのは難しいだろう。たとえば、「万置きコーナー」や投げ銭制などの仕組みを採用し、互いにとって気持ちのよい場所がその瞬間にも模索されていることや、イベント自体への参加の度合いを自分で選べること、イベントの楽しみ方が複数提示されていることもまた特徴的で、自分（たち）の場所を自分（たち）でつくっていくのだという思いがこういったところにも表れている。

SNSによって個人が情報発信する機会が得られたといっても、そのメディアの使い心地はその時々のメディアの生態系によって移りゆくものである。ジンは、SNSで伝えることとも異なる「声なき声」を伝えるメディアとなり、自作したものの手触りを楽しむメディアとなりつつある。このことと相まってジン・イベントは、その都度の反省や願いを取り込みやすいフレキシブルなものであるということが、グローバルにもローカルにもつながっていくきっかけとなっているのではないだろうか。そして、このことは自分たちの身近な暮らしを見つめ直す視点を獲得するきっかけにもなりうるのである。

注

(1)AIR zine 編集室 http://air-zine.tumblr.com/（最終閲覧日：二〇一六年一月八日）。
(2)「Lilmag—zine and other publications」http://lilmag.org/（最終閲覧日：二〇一六年一月八日）。
(3)連載のタイトルは次の通りである（二〇一六年一月現在）。二〇一四年一〇月号の第0回を筆頭に、「コミティア、自主漫画」（二〇一五年一月）、「90年代のジン―― The World Before Google」（二〇一五年四月）、「80年代のジン―― Life After Punk Rock」（二〇一五年七月）、「1960年代と1970年代 Part One ――オキュパイド・ジャパン以後」（二〇一五年一〇月）、「1960年代と1970年代 Part Two ――社会運動とカウンターカルチャー」（二〇一六年三月）。
(4)ジンという言葉が国内で流通する前からも、女性解放運動、ジェンダー思想を支えるメディアとしてのミニコミ誌に着目した研究も多い。代表的なものとして、飯野（2008）を参照。
(5)『内神田通信』を発行していた田浪晴生は、自身のタウン誌を刊行した当時のことを次のように回想している。「（地域の失われたコミュニティ感覚の回復を考えていた時に）アクセスの開店を見たのである。印刷媒体！　とっさに思った。これで突破口がひらけるかもしれない…」（田村 1979: 75）。
(6)ばるぼら（2005）の第一章「ニッポンの商用インターネットの草創期」を参照。
(7)「ReKult」のウェブサイトには、ジンの展覧会において、タイプライターを打ち、紙を切って貼り、コピーする様子が短い映像にまとめられている。詳細は「event-amsterdam-zine-jam-the-netherlands」http://www.rekult.org/event-amsterdam-zine-jam-the-netherlands/（最終閲覧日：二〇一六年一月五日)。
(8)ZINE FEST 2015の様子については、二〇一六年現在ベルリンに滞在中の三井麻央氏にご協力いただき、当該イベントのパンフレットや写真を入手することができた。ここに改めて感謝の意を表したい。
(9)「STICKY INSTITUTE」はジン・ショップのなかでも随一の種類と量を誇っている。二〇〇一年に開業し、ショップ内でジンをつくるスペースを設け、道具を配備。二〇一三年には一万種類のジンを置き、二〇一五年には一〇〇万冊のジンを置くまでになったという。About Sticky「Sticky Institute」http://www.stickyinstitute.com/about(最終閲覧日:二〇一六年一月八日)。
(10)Tokyo Zinester Gathering http://zinestergathering.blogspot.jp/(最終閲覧日:二〇一六年一月八日)。
(11)江口宏志(Utrecht 代表)×ルーカス・バデキ・バルコ(ニーハイメディア・ジャパン 代表/クリエイティブ・ディレクター)「自分の関心を場にして、人に開く」、二〇一〇年九月二六日に3331 Arts Chiyodaで開催されたTokyo Art School 2010にて。
(12)「ZINE'S MATE|Lilmag blog 20090704」http://blog.lilmag.org/?eid=422(最終閲覧日:二〇一六年一月八日)。
(13)「Zine Picnic|Policy」http://zinepicnic-blog.tumblr.com/policy(最終閲覧日:二〇一六年七月一九日)。
(14)「三条富小路書店」http://bookkyoto.wix.com/home(最終閲覧日:二〇一六年三月二五日)。
(15)「万町 ZINE 3days IN WAKAYAMA2014」http://zine.machi-girl.com/report-zine3days-in-wakayama/(最終閲覧日:二〇一六年三月二五日)。
(16)「本と珈琲と…」http://pienideux.exblog.jp/24016289/(最終閲覧日:二〇一六年三月二五日)。
(17)ほかにも、個人出版の事例として香川県にある「サウダージ・ブックス」、自治体発行のフリーペーパーとして北九州市の『雲のうえ』、秋田県の『のんびり』が挙げられている。

（18）『ku:nel』リニューアルに対する読者のコメントは、Amazon のカスタマーレビューを参照した。https://www.amazon.co.jp/dp/B019P1VY1S（最終閲覧日：二〇一六年六月二六日）。

（19）「8/04/d47 MUSEUM D&DEPARTMENT プロジェクト／文化誌が街の意識を変える展」http://www.hikarie8.com/d47museum/2014/03/post-14.shtml（最終閲覧日：二〇一六年一月一〇日）。

参考文献

日本語文献

阿部純（2016）「暮らしを書くこと――『ku:nel』的地域文化誌が見せる「ライフスタイル」」『福山大学人間文化学部紀要』一六巻

飯野由里子（2008）『レズビアンである「わたしたち」のストーリー』生活書院

OYAIZU MASAKO（2016）「interview NARITA RYOSUKE」PEPPERMILL zine, SHE SAYS distro.

影山裕樹（2016）『ローカルメディアのつくりかた――人と地域をつなぐ編集・デザイン・流通』学芸出版社

五味正彦・成田圭祐・細谷修平（2012）「身体的メディアの実践」細谷修平編『メディアと活性――What's media activism?』インパクト出版

串間努編（1999）『ミニコミ魂』晶文社

齋藤あきこ編（2014）『地域の魅力を伝えるデザイン――Design for local paper media in Japan』ビー・エヌ・エヌ新社

ソトコト編集部・電通 LOHAS プロジェクト（2005）『LOHAS/book』木楽舎

田村紀雄・仲村祥一・西浦義道（1966）「ミニコミとはなんだ――私たちの立場と考え」第五次『思想の科学』四八巻
田村紀雄（1979）『タウン誌入門』文和書房
辻本力・林さやか・宮川真紀（2014）「座談会 コツコツ作るのが楽しいのだ！」『本の雑誌』二〇一四年一一月号
ばるぼら（2005）『教科書には載らないニッポンのインターネットの歴史教科書』翔泳社
ばるぼら・野中モモ（2014）「日本のZINEについて知ってることのすべて」『アイデア』二〇一四年一〇月号
ナガオカケンメイ（2013）『D&DEPARTMENTに学んだ、人が集まる「伝える店」のつくり方――学びながら買い、学びながら食べる店』美術出版社
南陀楼綾繁（2016）「いま、地方リトルプレスは」『こころ』二九巻
PIE BOOKS（2016）『ご当地発のリトルプレス』パイインターナショナル
道場親信・丸山尚（2013）「証言と資料 日本ミニコミセンターから住民図書館まで――丸山尚氏に聞くミニコミ・ジャーナリズムの同時代史1961-2001」『和光大学現代人間学部紀要』六号
zine部（2015）*we love zine!* Vol.5.

英語文献

Piepmeier, A.（2009）Girl Zines: Making Media, Doing Feminism, New York, New York University Press. ＝（2011）野中モモ訳『ガール・ジン――「フェミニズムする」少女たちの参加型メディア』太田出版

Wrekk, A.（2005）*Stolen Sharpie Revolution: A Diy Zine Resource*, Portland, Microcosm Pub.

終　章　大阪万博以後
――メディア・イベントの現代史に向けて

飯田　豊

1　はじめに

(1)　メディア・イベントの「標本」としての大阪万博

「映像都市（imaged city）」――映像に媒介された都市――の研究に取り組む陸曄《ルー・イエー》は、二〇一〇年に開催された上海国際博覧会（上海万博）の映像展示に着目し、巨大スクリーンを通じた映像が都市イメージの構築を企図しており、参加者が都市生活をめぐる含意を解釈する場でもあったという点で、「映像都市の特殊な標本」と捉えている。映像は都市の一部であり、都市の実空間において意義を生み出す一方、映像も都市を再現する。巨大スクリーンは新しい都市経験である反面、人びとは映像による視覚的経験を通じて、都市に対する理解をさらに強固にしていく。たとえば、二年がかりで制作されたサウジアラビア館の円状形スクリーン映像『砂漠都市』は、会期中に最長待ち時間九時間という記録を作るほどの人気を集め、陸たちが来場者を対象に実施したデプスインタビューにおいても、最も話題にのぼった展示だったという。陸の分析によれば、多くの来場者は「映像＝ハイテク＝近代化」という参照フレームを共有しており、映像表現を国の経済発展の度合いと関連づけて解釈していた。その反面、個人の生活経験や文化経験にもとづいて、多元的な読み解きをも可能にしていた。こうした分析の結果を踏まえて、陸は次のように述べている。

二〇一〇年上海万博の都市というテーマは、一方では国が「視覚イデオロギー」を通じて都市空間を強制利用する合法性を強化した。もう一方では、映像自体の多義性と複雑性により、来場者が自身の生活経験や文化経験を参照フレームとして都市の特徴と含意について多元的な読み解きを行なうことができた。それは時として「視覚イデオロギー」への抵抗さえ生み出し、自身のリアルな都市生活に対する再考を促すものであった。（陸 2015: 107-108）

もっともこうした解釈によって、たとえ来場者の主体性や能動性をいかに精緻に読み解いても、「視覚イデオロギー」の権力的作用に焦点化している限り、結局のところ、第一章で述べた〈動員／抵抗〉の二項対立に回収されてしまうのではないかという懸念は残る。それはここでは措いておこう。いまや万博は「仮設の博物館と超大型テーマパークを組み合わせた現代都市の複雑な景観」である（陸 2015: 101）。陸も指摘しているとおり、一八五一年に始まった万博の歴史のなかで、映像展示が重視されるようになった転換点は、言うまでもなく、一九七〇年に大阪で開催された日本万国博覧会

（以下、大阪万博）である。

大阪万博に関する研究は、近年も衰えることなく、さかんに取り組まれている。とりわけ二〇〇〇年代なかば以降の研究の多くに共通するのは、「前衛芸術」ないし「アートとテクノロジーの融合」の実験場として、大阪万博の現代的意義を再評価するという視点である（椹木 2005; 五十嵐・磯 2010; 暮沢・江藤 2014 など）。こうした視角を補完するかのように、六〇年代の前衛芸術、メディア・アートやコンピュータ・アート、建築・デザイン運動などの動向を精緻に捉えた研究も散見される。また、九〇年代なかば以降、実験工房、メタボリズム、ネオ・ダダイズム・オルガナイザーズ、ハイレッド・センター、E.A.T.（Experiments in Arts and Technology）などの大規模な回顧展が相次いで開かれ、美術評論や建築評論の中で六〇年代を歴史化する動きが相次いでいることも、前衛芸術の臨界点としての大阪万博を捉え直すうえで追い風となっている。

もっとも、ほとんどの先行研究においては、芸術家ないしは建築家の立場や動向に視座を置き、大阪万博との関わりが考察されており、多数の国家や大企業が参加する万博に対する、芸術家や建築家の「動員」と「抵抗」、「体制派」と「反体制派」といった二項対立で捉えられがちである。言い換えれば、出展企業は、彼らの構想を放任するか、商業主義ないし管理主義の立場から対立するか、いずれかの立場で描写されることが多い（後者の最たる例がペプシ館であろう。スポンサーの通告によってE.A.T.は、会期途中で運営からの撤退を余儀なくされた）。

そもそも万博における企業展示は当初、あくまで国家的な展示に対して補助的な役割を果たすものに過ぎなかったが、アメリカでは一九三〇年代以降、万博が「国家」と「生産」の博覧会から、「企業」と「消費」の博覧会へと変容を遂げていた（吉見 1992→2010）。その結果、万博において新しい技術を展示するための方法論は、技術開発者が担ってきた「公開実験」から、芸術家による「テクノロジー・アート」に大きく転回していく（飯田 2013）。フータモ（Huhtamo, E.）は、一九五〇年代から六〇年代におけるアートとテクノロジーの緊密な結びつきのなかにメディア考古学的な指向性をはっきりと見出している（フータモ 2015）が、七〇年の大阪万博はその到達点だった。その反面、六〇年代なかばの日本において、出展企業にとってはいまだ、万博との関わり方は大きな揺らぎをはらんでいて、賛否両論さまざまな言説が交錯していたのである。

(2) メディア・イベントの範例と革新——企業パビリオンへの着目

第一章で述べたように、新聞社や放送局による事業活動に焦点を当ててきたメディア・イベント研究は、近代日本のマスメディアが恒常的なシステムとして社会化していく過程を裏書きしていたともいえる。そして大阪万博は間違いなく、その臨界点のひとつだった。吉見俊哉が着目したように、大阪万博は、「国鉄や農協、学校、それに旅行業者たちからなる動員の制度的システム」に加えて、「日常意識レベルでの潜在的で自発的な動員の機制」としてのマスメディアが、決定的に重要な役割を果たしていく（吉見 1992→2010: 234-236）。

吉見によれば、『毎日新聞』、『朝日新聞』、『読売新聞』の大阪版では、開会直後の三月下旬には各々三〇〇本以上、会期を通じて毎月八〇本を超える万博記事が紙面を賑わせたという。たとえ批判的な記事でさえも、「人々の意識をこの巨大な「お祭り」にむけて集中させる補完的な効果」を持った（吉見 1992→2010: 237）。

テレビに目を移すと、開会式には各局が特別番組を編成して大規模な実況中継をおこない、会期を通じて万博に関するレギュラー番組が数多く放送された。大阪万博の開会式中継は、在阪の民放四社にとって初めての共同制作だった。朝日放送で中継を担当した文箭敏によれば、「ともかく当時としてはとんでもない大イベントで、カメラ三十九台、中継車九台。これにヘリコプターのカメラが加わり、制作スタッフは五百人［…］つまり関西圏の中継機材を全部集めたような形での大中継で、これを日本中の民放七十八社が放送」したという（関西民放クラブ「メディア・ウォッチング」編 2015: 207）。

吉見が指摘するように、「少なくとも大衆の日常意識の動員という観点からみた場合、大阪万博においてマス・メディアは、批判者でも単なる協賛者でもなく、むしろ主催者であ」り、「国鉄や農協、学校、そしてマス・メディアによる大衆動員は、一方では、明治以来の国家的な動員システムとして、他方では、大正以降のメディアとイベントの融合したシステムとして発展してきたものである」（吉見 1992→2010: 238-240）。

このように大阪万博は、近代日本のメディア・イベントの臨界点である反面、マスメディアとしての映画やテレビとは異なるスクリーン・メディアの実験場でもあった。メディア・イベントの範例と革新とでもいうべき、この両義性を補助線とすることによって、本章では、ふたつの企業パビリオンのプランニング・プロセスを比較し、そのなかで複数の構想力がいかにせめぎあい、いったい何が実現し、何が実現しなかったのかを明らかにする。具体的には、新聞社の文化事業として構想されたタイム・カプセルが大きな話題を集めた「松下館」（＝第2節）と、放送ではないテレビジョンを模索した「電気通信館」(=第3節)を考察の対象とする。この対比から明らかになるのは、一九六〇~七〇年代が「メディア」と「イベント」の結びつき方の転換期であったという仮説であり、歴史研究の蓄積を再解釈していく必要性にほかならない(=第4節)。

2 範例的メディア・イベントとしてのタイム・カプセル——松下館

(1) 松下館の概要

大阪万博の企業パビリオンの分析についてはこれまで、仮設建築としてのパビリオン自体、もしくは前衛的な映像展示——そしてそれらを手がけた「プロデューサー」——に対する再評価が多数を占めている。平たく言えば、視覚表象に比重を置いた考察が蓄積されてきた。それに対して、たとえば松下館のタイム・カプセルなどは、絶大な人気を誇ったパビリオンのひとつでありながら、一見すると地味で、先行研究が見過ごしがちだった展示といえよう[1]。それに加えて松下館は、パビリオンの細部まで企業主導で計画された好例でもある。

松下館のテーマは「伝統と開発——五千年後の人びとに」。建築設計は吉田五十八が手がけた。敷地の周囲には一万本の竹が植えられ、まるで池に浮かんでいるかのように、天平時代の建築様式を取り入れた二棟の堂宇が建てられた。

タイム・カプセルは内径一メートルの壺形、内容積は五〇万平方センチメートル、重さ一・七四トン。封入品は「自然科学」「社会」「芸術」「その他」の四分野にわたって、「現代中心」「日本中心」

「現物中心」という選定基準のもと、二九〇件、二〇六八点が選ばれた。そして万博の会期中、七六〇万人が松下館に入場し、タイム・カプセルを目にした。

そして万博終了後、タイム・カプセルは大阪城の本丸跡に埋設された。埋設個数は二個。五千年後、すなわち西暦六九七〇年に初めて開封する第一号機（一九七一年一月二〇日埋設）と、西暦二〇〇〇年に開封・再埋設し、以後一〇〇年ごとに西暦六九七〇年まで同じことを繰り返す第二号機（一九七一年一月二八日埋設）である。埋設後は日本政府に寄贈されることになり、一九七一年三月一五日に挙行された完工式をもって文部省の管轄になった（タイム・カプセル EXPO'70 記録小委員会編 1975: 8）。したがって、現在は文部科学省の管理下にある。

(2) 松下談話――マンモスカラーテレビからタイム・カプセルへ

松下電器産業は当初、世界最大のマンモスカラーテレビを壁面に設置する計画を明らかにしていたが、松下幸之助は一九六七年七月、万博は私企業のPRの場ではないとして、この構想を撤回している。その経緯は次のとおりである。

海外市場の開拓に努めていた松下電器産業は、出展参加と関連受注への期待から大阪万博にいち早く関心を示し、一九六五年一二月には、松下幸之助が日本万国博協会の会長に擬されるほどだった。その後、松下電器グループが総力を挙げて展示企画を立案することになり、すべての関連会社を通じてアイデアの懸賞募集がおこなわれた。その結果、マンモスカラーテレビ「ナショナル・ジャンボカラーテレビ」をあしらった展示館の模型など、約六〇点の応募があったという。そして六七年四月一日、「エレクトロニクスとマンモスカラーテレビ」という構想で出展参加申し込みをおこなった（丸之内リサーチセンター編 1968: 514-515）。

ところで、カナダでは同年四月からモントリオール万博が開催されていたが、あらゆる日本製品がまるで見本市のように溢れ返っている日本館が不評を買い、ベルギーから厳重な抗議が申し入れられていた。大阪万博に出展を申し込んでいた企業は当時、自社の企業PRに直接役立てようという考え方が色濃かったが、モントリオール万博における諸外国の企業館の様子をみて、直接的な企業PRには向かないという判断から、巨額を投じることにためらいが生じていた（邦光 1970）。そして七月、日本館の前に陳列されていた日本製の自動車やオートバイが、商業宣伝が濃厚であるという理由から撤去されるという事態が生じた。これを受けて、松下幸之助は「日本万国博はあまりにもコマーシャルベースの傾向が強く、出展の在り方に問題がある」との談話を発表したのである（丸之内リサーチセンター編 1968: 351）。「万国博は宣伝の場ではなく、企業あるいは企業グループとしてではなく業界単位として出展すべきであり、松下グループの出展準備については再検討したい」という松下幸之助の警告は当初、松下電器グループの不参加表明とも誤解された。この松下談話は、万博のコマーシャリズム批判と受け止められ、松下館のみならず、大阪万博における企業パビリオン全体の方向付けに大きく影響することになる（丸之内リサーチセンター編 1968: 515）。

その結果、松下館の展示構想は「技術紹介中心」から「娯楽中心」に転じ、展示のあり方を再検討することになる（丸之内リサーチセンター編 1968: 440）。準備作業が大幅に遅延した結果、マンモスカラーテレビの代案として浮上したのがタイム・カプセルだった。

(3) 新聞事業との親和性

タイム・カプセル構想は実のところ，松下電器グループの発案ではなく，一九六七年五月，毎日新聞社から松下に共同実施案として持ち込まれた企画であった。すなわち，『毎日新聞』の紙面を最大限に活用できる文化事業として，タイム・カプセルは構想されたのである。

同年一二月一日，両社が主催してこれを推進することが正式決定し，一九六八年一月八日，『毎日新聞』の社告を通じて初めて発表された。『TIME CAPSULE EXPO'70 記録書』に掲載されている「広報リスト」によれば，『毎日新聞』がこの社告を皮切りに，タイム・カプセルを記事で取り上げたのは八二回にのぼる。また，*Mainichi Daily News* で一七回，『毎日小学生新聞』と『毎日中学生新聞』で四回ずつ取り上げられている。封入品のアイデアは『毎日新聞』紙上で公募によって集められ，一一万六三二四通の応募があった。さらに，翌六九年の春からは，東京・小田急百貨店や大阪・大丸百貨店，国立京都国際会館，全国一二都市の松下電器電化センターなどで，タイム・カプセルの模型やパネルの展示が始まった（タイム・カプセル EXPO'70 記録小委員会編 1975: 200-204）。

そもそも「タイム・カプセル（time capsule）」という言葉が作り出されたのは，一九三七年のニューヨーク万博でのことである。ウェスティングハウス社が自社開発した「キュパロイ」という特殊金属で容器を製造し，その中に記念品を詰め込んで万博会場の地下に埋設させた。五千年という保存期間も，松下館のタイム・カプセルに踏襲されている。

「タイム・カプセル」という呼称が日本で定着するのは戦後になってからのことだが，坂口英伸がくわしく論じているように，類似の試みとして，たとえば一九四〇（昭和一五）年には，長野県の蓼科高原に紀元二千六百年文化柱が建立され、数千点の記念品が百年間にわたって封入されている。これを発案した式正次は、新聞業界の情報を専門的に扱う業界紙『新聞之新聞』を発行する、新聞之新聞社の創業者である(2)。式は寄付金や助成金をまったく受けず、独力で資金調達をしたという。文化柱の建立は三九年一一月一日、同紙で初めて発表された。また、新聞、雑誌、書籍などの紙資料を中心とする数千点の封入物は、新聞紙上に募集広告を掲載して収集され、集まったものは『新聞之新聞』で逐一告知されたという。封入を控えた四〇年四月には、東京堂書店で「文化柱百年保存物展覧会」が開催され、わずか三日間で約一万人が来場した（坂口 2015: 33-54）。

また、戦後復興期の一九五一（昭和二六）年には、同じ長野県にて、信濃毎日新聞社が『信濃毎日新聞』の発刊二万五千号を記念し、「信毎ペンの庫《くら》」を製作している。開封は発刊五万号に達する二〇二一年。坂口が着目しているとおり、文化柱とこれはともに、「新聞社の文化事業としてのタイムカプセル」であった（坂口 2015: 171）。

そして、一九六四年から六五年にかけて開催されたニューヨーク万博では、ウェスティングハウス社が再び、「クロマルク」という特殊金属で製造した容器を用いて、タイム・カプセルを埋設させた。日本への影響を考察するうえで注目すべきは、封入品に『読売新聞』が選定されていることである。社主の正力松太郎に加えて、湯川秀樹、糸川英夫の三名が「カプセル封入品目選定の地域委員」に選ばれ、渡米して選定作業に関わったことが、『読売新聞』で繰り返し報道されている。

坂口によれば、このころから「タイム・カプセル」という名称と、その試みの意味が日本でも広く知られるようになった。そして大阪万博を経て、その存在がまたたく間に知れ渡るとともに、これを手本とする事業が次々と登場し、世界規模でブームが広がっていく。日本では各種団体の記念事業として、とりわけ、万博のタイム・カプセルを文部省が後援していたことで教育現場にも波及し、学校の卒業記念事業として定着する。

新聞は元来、日々読み捨てられるエフェメラル・メディアだが、新聞社によるタイム・カプセル事業は対照的に、アーカイヴへの欲望に突き動かされている。そしてそのプランニング・プロセスは、近代日本の範例的なメディア・イベントに他ならなかった。

3　ハプニングとしてのテレビジョン――電気通信館

(1)　電気通信館の概要

電気通信館の出展者は、日本電信電話公社（以下、電電公社）と国際電信電話株式会社の二社。郵政省と日本放送協会がこれに協力している。テーマは「人間とコミュニケーション」。建築設計を手がけたのは、電電公社の建築局。プロデューサーとして公式記録に名前が記録されているのは、本城和彦と浅野翼の二名である。[3]

電気通信館の展示構成は次のとおりである。まず、黄色いテント張りの待ちデッキからエスカレーターに乗ると「導入空間」に導かれる。最初は「赤ん坊の空間」と名付けられていて、世界各地の赤ん坊の表情が二〇〇台のカラーブラウン管に映し出され、泣き声が聞こえる。次は「呼びかけの空間」で、観客の頭上に吊るされた一万六千台の受話器から世界各国語の呼びかけが聞こえ、光と音の演出によって幻想的な雰囲気がつくられていた。さらに「呼びかわしの空間」では、複数のテレビ受像機を立体的に組み合わせて、世界各国の人びとがキャッチボールをする様子が映し出された。「交換機の林」では、通路の両側に林立した多数の電話交換機の機械音によって、陽気なサンバのリズムが奏でられた。

約一八〇メートルの導入空間を通過すると、「三角広場」に導かれる。約八〇〇人を収容できる三角形のメインホールである。テレビ映像を拡大投影する「アイドホール・スクリーン」という装置が備えられ、正面のメインスクリーン（横一三メートル、縦九メートル）には、東京・霞が関ビルの特設会場からの中継映像が白黒で映し出された。二枚のサブスクリーン（横六メートル、縦四メートル）には、九州・種子島と京都の特設会場からの中継映像がカラーで映し出されていた。

そして「ワイヤレステレホン室」では、電電公社が試験的に開発した「ワイヤレステレホン（携帯無線電話機）」の実演がおこなわれ、観客は全国どこへでも即時通話ができた。それは今の固定電話の子機のようなかたちで、右肩にある発信ボタンを押してから、電話番号をプッシュするだけでつながる。後に登場する携帯電話を予見するようなデザインで、後年に高く評価されている。これに隣接する「技術展示室」には、テレビ電話やデータ通信の端末機器などが展示されていた。

(2) 「異端者」たちが描いた青写真

一九六八年二月、いわゆる「ＴＢＳ闘争」(4)の渦中にいた今野勉と萩元晴彦は、浅野翼から協力要請を受ける。電気通信館を全面的に任されていた浅野は、一九六〇年ごろに大阪勤労者音楽協議会を躍進させた功労者で、その後、華道・壬生流の家元だった夫人の影響で、前衛生花のプロデューサーに転身していた。長崎励朗によれば、浅野が電気通信館の総合プロデュースを委任されることになったのは、電電公社の近畿局長だった遠藤正介（遠藤周作の実兄）と浅野が親しく付き合っていたことによるという（長崎 2013: 119）。

二人は快諾する。今野の回想によれば、その理由は簡単明瞭だった。

電電公社は、マイクロウェーブ網を持っている。そのマイクロウェーブを使って、半年間、会場の巨大スクリーンに生中継の映像を日本の複数地点から送り続ける、という基本理念に、賛同したのだ。それは、まさしく、テレビジョンだったからである。（今野 2009: 387）

浅野は、今野と萩元の同期であるＴＢＳの実相寺昭雄と、ＮＨＫの和田勉にも声を掛けていた。だが、円谷プロに出向して『ウルトラマン』などを手がけ、初めての自主映画の制作準備も進めていた実相寺は、最初の会合で中継が主と聞いて、その日のうちに降りてしまったという（今野 2009: 401）。

萩元は当時、「テレビジョンは時間である」という考えのもと、時間を省略するための編集を原則的に回避する手法を試行し、『現代の主役・小澤征爾〝第九〟を揮る』（構成・谷川俊太郎、一九六六年）、『あなたは……』（構成・寺山修司、一九六六年）、『マスコミＱ』第一回「緑魔子・私は……」（構成・寺山修司、一九六七年）、『日の丸』（構成・寺山修司、一九六七年）などの斬新なテレビ・ドキュメンタリーを生み出していた。『日の丸』は放送直後に抗議の電話が殺到し、郵政大臣が閣議で問題視した結果、電波監理局が調査に動いたという（萩元・村木・今野 1969→2008: 20-21）。一九六八年の元旦には、『いま語ろう、世界の若もの』という特別番組で、ドイツ、イタリアとの宇宙中継（三元衛星中継）のチーフ・ディレクターを務めたが、同時通訳の不備や音声回線の故障などによって、生中継は失敗に終わっていた（今野 2009: 351-354）。萩元は同じころ、『展望』一九六八年二月号における秋山邦晴との対談のなかで、次のように述べている。

　これからやりたいのは、一五分とか三〇分の枠に規制されない、もっと完結性のないものです。
［…］
　例えばニュースを外でやったらどうか。新宿の西口広場みたいな所をスタジオと考えちゃう。TV・スタジオの中でキャスターが座ってネクタイ締めて、まあネクタイ締めるのはいいけどね、「皆さん今晩は」……あれをやめる、外で立ってやれと。そしてまずジョンソン（大統領：引用者注）を第一項目ときめたら、大きなアイドホールにジョンソンの絵を出して、これは夜のニュースですからね、アイドホール使えます、暗いから。宇宙中継！　といきたいですね当然。同時通訳がいて日本語でやっちゃう。そしてこれは日本にとってどういう意味があるかということを、そこにいる人間、通行人までふくめて討論する。［…］
　だから、これは何分、これは何分、ときめないで、かりに我々が持っている時間が一時間あるとしたら、この発想がだめなんだけどね。時間の枠をきめるのがね。とにかくジョンソン記者会見の反応を何分でも、もういいというところまでやる。

［…］

「番組を良くしたい」って発想はすべて駄目。「テレビジョンをどうするか」ってことですよ。要は……。（萩元・村木・今野 1969→2008: 109-111）

この突飛なアイデアは、しかし、電気通信館の展示構想を的確に予告したものといえる。なお、新宿コマ劇場前から生中継をおこなうことを新聞広告によって予告し、推定五千人の若者による狂騒を引き起こした『木島則夫ハプニングショー』（日本テレビ）の放送は同年五月。新宿でデモ隊と機動隊が衝突する騒乱事件が発生したのは、さらにその五カ月後のことである。こうして、テレビが出来事を映すのではなく、出来事をつくる時代が到来したといえる。松井茂が着目しているように、六〇年代とは、「マス・メディアのサーキュレーションによって、日常をメディア・イベント化し、オリンピックや万博をめぐって、社会自体を非日常な映像《イメージ》で馴化した環境をつくりだしていた」。そして「欧米での美術における「ハプニング」とは若干異なるニュアンスで、マス・メディアと日常性の接点を「ハプニング」という言葉が仲介してい」たのである（松井 2015: 199-200）。

その一方、『あなたは……』と「緑魔子・私は……」で萩元とタッグを組んだ村木良彦は、フィルムの編集によって時間を寸断する「アクション・フィルミング」と「コラージュ」という手法を確立する。事実のなかに虚構を放り込むという方法論に対して、評価は大きく分かれた。一九六八年一月に放送された『わたしの火山』というドキュメンタリーは、ありきたりな旅番組を期待していたスポンサーからのクレームを受けた。同年三月、萩元とともに不本意な異動を命じられた村木は、その直後、「テレビジョンは異端を必要としている」という文章を発表している（村木 1968）。『七人の刑事』を手がけていた今野は、一九六七年に「テレビ的思想とは何か」という文章を発表している。テレビジョンが時間であるとするならば、それは「同時性」と「中継性」によって支えられる。しかし、ビデオテープが急激に安価になり、映画と同じような編集が可能になってきたことで、時間という尺度でテレビの独自性を説明することは難しくなった。そこで今野は、受け手がそれを茶の間で日常的に視聴するという意味だけでなく、送り手の創造行為が組織集団の中での日常的作業であるという意味において、「テレビは〈ケ〉である」と論じた（今野 1967）。

彼らはいずれも、テレビジョンという概念自体の自明性を疑い、それが解体しつつあると感じていた。(5)

それに対して、ＮＨＫの和田勉は、今野の回顧によれば、「何回かの会議に出席したが、結局、企画の内容では自分のドラマ・ディレクターとしての持ち味が出せないと踏んで、降りた」という。(6) その一方、非常勤の企画委員として、詩人の谷川俊太郎と映画監督の恩地日出夫が参加することになった（今野 2009: 401）。谷川はまた、みどり館の「アストロラマ」で上映された全天全周映像のシナリオも担当している。

今野、村木、実相寺たちは一九六〇年、『ｄＡ《ダー》』（ＡＤ＝アシスタント・ディレクターのイニシャルを反転）という同人誌を創刊した。それは局を横断した若手ディレクターの交流会に発展し、和田も参加していた。和田によれば当時、実相寺をＮＨＫにヘッドハンティングしようとしたが、実現しなかったという。和田は晩年、このころの状況を次のように振り返っている。

この時期、自分がとても無理していたようにも思う。それだけ自分がＮＨＫの中で、とても忙しくなってしまったのか、あるいはもしかして、「異端」からテレビ「王道」にはいってしまったのか、遂に取り込まれてしまったのか……おそらく、取り込まれてしまったような気がする。（和田 2004: 135）

一九六七年、チーフ・ディレクターに昇進した三七歳の和田は、「怖いモノ知らず、というよりも、「普通のテレビ」の怪物と化し」（和田 2004: 138）、翌年には大河ドラマ『竜馬がゆく』の演出を担当する。ＴＢＳ闘争の渦中で「異端」であることを自覚していた今野と萩元に対して、ＮＨＫで「異端」から「王道」に取り込まれてしまったと当時を振り返る和田。松井は、「記録芸術の会」にも所属していた和田が、テレビを総合芸術として捉えようとする「概念の思想」から出発していたのに対し、日常指向の今野は「技術の思想」から出発していたと指摘している（松井 2015: 205-206）。

今野と萩元は、電電公社建築局のプロジェクト・チームと激しい折衝を重ね、本章第3節第(1)項で述べた展示空間の仕様がほとんど決まった。そして次に、どこから中継して何を映すのかという難問を検討する段階に移った。少し長くなるが、今野の回顧を引用しておきたい。

半年間、毎日の中継という動かせない展示条件を考えれば、おもしろい出来事を毎回中継することは不可能である。三カ所の地点にさまざまの人間がいて、大阪の三角広場と交信する、という構想は、すぐ浮かんだ。電気通信館のテーマが「人間とコミュニケーション」であることからして、その形が一番自然だと誰しも考えるであろう。

しかし、萩元や私、そして、谷川俊太郎さんや恩地日出夫さんのプランナー・チームは、その形をとらなかった。萩元と私は、その時、ＴＢＳ闘争の最中にいて、テレビとは何か、という問いを発し続けていた。それが、電気通信館のコンセプトに反映しないわけはなかった。

萩元と私は、テレビ局では不可能なテレビ、言ってしまえば、「ＴＥＬＥ（遠くを）ＶＩＳＩＯＮ（見る）」という本来のテレビジョンを、純粋な形で提示しようとした。

［…］

キャッチフレーズは「それぞれの場に流れる日常的時間を共有する」だった。つまり、画面の中では特別なことは何も起こらない、ということだった。（今野 2009: 404-405）

その企画書を読んだ浅野は難色を示したが、結局、それを電電公社に提出した。本城和彦の助力もあり、総裁の決裁が下りた。今野によれば、一九六八年の夏ごろから萩元とともに、企画の下打ち合わせを開始。二人は一〇月三一日付で、万博終了までという約束でＴＢＳを休職、翌一一月一日付で電電公社の嘱託職員の辞令を受けた。まずは中継地点の選定に取り掛かり、種子島、東京・霞が関ビル前の広場、京都・西陣織の家など「ごく当たり前の家の茶の間」に結論づけた。

種子島が「遠く」を現わし、あたり前の茶の間が「日常」を現わし、霞が関ビル前広場は、大阪会場との「対話」を現わしていた。当時のテレビでは想像しえなかった「双方向性」が、電電公社

のマイクロウェーブ網を使えば可能だった。（今野 2009: 414）

また、導入空間で上映する映像の企画、撮影、編集も、今野と萩元が請け負うことになり、二カ月余りにわたる世界一周の海外取材が敢行された。

ところが帰国後、総合プロデューサーの浅野翼が、「笑い」を中心に中継の演出を構成していくという企画の方針転換を表明し、連日の生中継の指揮をとる在阪準キー局のディレクター・チームに主導権が移ったことで、ふたりとのあいだに亀裂が生じた。今野と萩元は一九七〇年二月、企画委員を途中降板することになる。

(3) 「王道」へのバックラッシュ

中継の演出を担当した大阪準キー局四社のチーフ・ディレクターは、瀬木宏康（毎日放送）、澤田隆治（朝日放送）、水野匡雄（関西テレビ）、荻野慶人（読売テレビ）の四名。一九七〇年二月二六日の『朝日新聞』には、「〝明日のテレビ〟リハーサル中」という見出しのもと、電気通信館の三角広場がくわしく紹介されている。四元中継による同時性を強調し、会期中は毎日、一時間近いショーがぶっ通しで繰り返されるとされ、

バトン・トワラーズの更新に始り、ガードマンの踊り、立体コミック、かけ合いの太鼓の打鳴らしと見せ場は多い。出演者は元アナウンサーの司会者や関西の若手のお笑いタレント、東京のバレ

エ団の新人、バンドマン、アマチュアでは「ミス種子島」といった顔ぶれで、五十人を越える。スタッフも、総勢約六十人。

霞が関ビルの前で演じる大道芸人に、大阪からケチをつけ京都や種子島も加勢するといったコミックや、会場からの笛一つで訓練される各地のガードマンなど、ショーには同時性を強く打出したさまざまの趣向が盛られている。特色は、観客もどしどし登場することだ。ミス種子島に、居あわせた東京の独身のサラリーマンが紹介されて話合ったり、パビリオンにきていた観客が、霞が関の群衆の中から捜し出された同郷人と語り合ったり――。(7)

さらに「ここでは〝光と音の魔術〟を誇示するのではなく、観客があすの情報化社会の姿をつくり出すのがねらい」という浅野翼の談話が続く。観客の参加をうながすための仕掛けがいくつも計画された。三月一五日の『読売新聞』には電気通信館の紙面広告が掲載されており、その中で「通信館と東京会場（霞が関ビル）をテレビで結び巨大なスクリーンを通じて同窓会を開きます」として、「万国博同窓会参加募集」をおこなっている。(8)

また、三月二五日には四元中継を活用した「未来結婚式」が開催された。新郎新婦は東京にいて、京都にいる友人、種子島にいる親類を、三角広場のアイドホール・スクリーンを介して結ぶ。

霞が関ビルにいる二人の映像が正面スクリーンに、左右の二面に友人と親類がうつし出され、特設された祭壇の前で、大阪・石切神社の宮司さんがのりとを上げて、めでたく挙式。

新郎が誓いのことばを述べ、結婚指輪を交換すると、〝式場〟となった同館の観客がいっせいに拍手して二人を祝福した。ところがこの結婚式、かんじんの新郎新婦には式場の模様は見えず、声だけ。このへんが〝未来〟の結婚式たるゆえんというわけか――。(9)

マルチスクリーンを活用した映像展示の数々に多くの観客が瞠目した反面、掘り下げた表現に向いていないという点で批判も浴びた。こうしたなかで観客の「参加」を謳った電気通信館の試みは異色だったといえよう。

大部分のものは、戦争↔平和とか繁栄↔荒廃とかいう対立性や国は変わっても若者は同じなどという同質性によって気軽に結びつけているようだ。このていどの媒介物なら私たちの常識の範囲でしかなく、観客の参加も浅いレベルでとどまってしまう。それならば、テレビの多元同時中継（電気通信館）の同一性を媒介としたいくつかの画像のもたらすスリルの方が、はるかに体験的である。(10)

人間を取り巻く環境そのものを作品と見立てる「環境芸術」は、カプロー（Kaprow, A.）が五〇年代に創始した「ハプニング」を皮切りに、フラー（Fuller, B.）やマクルーハン（McLuhan, M.）の理論的影響などを背景として、モントリオール万博で大きく開花したといわれる。こうした趨勢は、芸術分野にエレクトロニクスという技術的手段が導入されたこと、とくに映画やテレビなどに関する装置が導入されたことが決定的に重要だった。ところが、現実の大阪万博は、モントリオール万博の方法論を踏襲しつつ、多くの若き芸術家たちによって世紀の「お祭り」として演出され、無数の大衆が動員されていったとされる。六〇年代なかば以降、こうして戦後日本の芸術が万博に向き合ったのとはまったく別の仕方で、電気通信館のテレビジョンは構想されたのだった。

4 おわりに

以上、松下館と電気通信館の対比を通じて、大阪万博におけるメディア・イベントの多層性をみてきた。

本書の執筆者のひとりである永井純一が『ロックフェスの社会学』のなかで指摘しているように、七〇年代以降、メディアに囲まれた生活が常態化するなかで、テレビの生中継に媒介されたメディア・イベントの価値は（W杯という例外をのぞくと）一貫して低下しており、「ライブ」はテレビではなく、現場で体験されるものになりつつある。さらに永井は、日本で「イベント」という概念が浸透し、拡大していく過程をたどるなかで、その原点として大阪万博が果たした役割に着目している（永井 2016）。

また、テレビ受像機がほとんどの家庭に普及した六〇年代末までに、地方の風景が自然なかたちで全国に広まっていったが、それは当時、祭りや行事といった出来事に付随するものにすぎなかった。大阪万博が閉幕した直後、一九七〇年一〇月に放送が始まった『遠くへ行きたい』（読売テレビ）は、

「いわゆる日常的な生活の風景」がテレビを通じて一気に浸透する端緒となった（今野 2014: 166）。よく知られているように、同年にＴＢＳを退社した萩元、村木、今野たちが設立した番組制作会社「テレビマンユニオン」が手掛けた番組である。

　こうしたなかで、「メディア」と「イベント」の関係が大きく変容していったことは間違いない。第一章で述べたように、日本のメディア・イベント研究は、マスメディア事業史の研究活動に依るところが大きかったが、その分析対象は――一九六四年の東京オリンピックを臨界点として――六〇年代以前の事例が多くを占めている。裏を返せば、六〇〜七〇年代が日本におけるメディア・イベントの転換期に当たるという仮説のもと、東京オリンピックや大阪万博の準備過程を中心に、研究蓄積の再解釈をおこなうことが不可欠であろう。

　本章を執筆している現在（二〇一七年二月）、二〇二五年に再び大阪に万博を誘致する構想が進行している。一九七〇年の大阪万博と対照したうえで、さまざまな観点にもとづく批判的検討が可能だが、オリンピックや万博などの国家的行事に展望があるとすれば、「メディア」と「イベント」の機制の変容こそが、まずは問われなければならない。

謝辞

　本章は、公益財団法人吉田秀雄記念事業財団「大阪万博の企業パビリオンにおけるテクノロジー表象に関する学際的研究」（研究代表者：飯田豊）、科研費（若手研究（Ｂ））「メディア・イベント概念の理論的再構築――歴史社会学および比較文化学からのアプローチ」（16K17248／研究代表者：飯田豊）、財団法人電気通信普及財団「パブリック・ビューイングの日独比較研究――複合メディア環境における「メディア・イベント」に関する理論構築に向けて」（研究代表者：立石祥子）の助成を受けた研究成果の一部である。

注

(1)「松下のパビリオンが先進的な技術をアピールしたというのは実はあまり記憶になかったりする。大阪万博の目玉はタイムカプセルであったし、大阪花博ではアンリ・ルソーの熱帯林の絵画をセットで再現するというもので、高度な映像技術を見せつけるというものではない。あるいは万博に対してもともとそういうスタンスなのかもしれない」（岡田 2006: 51）。

(2)新聞之新聞社は戦時下、内閣情報部（情報局）からの弾圧によって、『新聞之新聞』は廃刊に追い込まれたが、文化柱は破壊を免れる。その経緯は不明だが、坂口は、民間情報教育局（ＣＩＥ）の新聞課長を務めたインボーデン少佐が、式と懇意にしていた影響があったのではないかと推測している。来日前の少佐は週刊新聞社の経営者で、新聞などの紙資料を中心とする収蔵物の資料的価値を十分に認識していたのではないか（坂口 2015: 161-162）。

(3)「ダイニングキッチン」という造語をつくった建築家として知られる。日本住宅公団に在職中、食寝分離型の間取りを追求し、居住水準を高めた。

(4)ＴＢＳ闘争の経緯については、萩元・村木・今野（1969→2008）を参照。

(5)村木と前川英樹は、『月刊労働問題』一九六九年八月号に寄せた「放送労働者の原点――26の断章によるノート」のなかで、ＴＢＳ闘争を総括して次のように述べている。「いくたの変遷のなかでそれなりに定着しつつあったテレビジョン概念が、歴史の必然として〈解体〉しつつあるのだ。それは現代資本主義の変質と無関係ではない。たとえば、個々の番組は独立した有機体としての機能を失いつつあり、全体の流れ＝〈時間〉の機能のなかに吸収されつつある。［…］テレビジョンを選びなおすということ、それはテレビジョンにかかわってしまった者の自己確認のために不可欠な作業である。［…］まさに選びなおすということが、テレビジョンの存在をアプリオリなものと考えてしまうことを拒否するゆえんであるからだ。したがって、この視点に立つとき、はじめて諸々の経済闘争・政治闘争等の運動論・組織論と対比されたテレビ論＝文化論ではなく、より根源的な問いとして、〈テレビジョンとはなにか〉が私たち個々人に投げかけられるのだ」（村木・深井 1970: 81）。

（6）和田勉は、もともと浅野と懇意にしていた。ＮＨＫ大阪（ＪＯＢＫ）に勤務していた和田は一九五九年に結婚し、長居公団住宅の五〇五号室に新居を構える。五〇六号室に住む隣人が浅野だった。大阪労音プロデュースで安部公房作のミュージカル『可愛い女』を制作していた浅野は、和田に安部を紹介したという（和田 2004: 95-96）。和田は同年、安部の脚本による『円盤来たる』『日本の日蝕』という二本のテレビドラマを演出した。そして一九六一年、和田は東京勤務となる。この年に演出した『あなたは誰でしょう』という教育テレビのドラマで、脚本を担当したのが谷川俊太郎である。

（7）『朝日新聞』一九七〇年二月二六日号（朝刊）、九面。

（8）『読売新聞』一九七〇年三月一五日号（朝刊）、二二面。

（9）『読売新聞』一九七〇年三月二六日号（朝刊）、一五面。

（10）『読売新聞』一九七〇年六月一八日号（夕刊）、七面。

参考文献

フータモ、エルキ（2015）「バックミラーのなかのアート――アートにおけるメディア考古学的伝統」太田純貴訳『メディア考古学――過去・現在・未来の対話のために』ＮＴＴ出版

萩元晴彦・村木良彦・今野勉（1969→2008）『お前はただの現在にすぎない――テレビになにが可能か』

朝日文庫
五十嵐太郎・磯達雄（2010）『僕らが夢見た未来都市』ＰＨＰ新書
飯田豊（2013）「マクルーハン、環境芸術、大阪万博――60年代日本の美術評論におけるマクルーハン受容」『立命館産業社会論集』四八巻四号
関西民放クラブ「メディア・ウォッチング」編（2015）「民間放送のかがやいていたころ――ゼロからの歴史 51人の証言」大阪公立大学共同出版会
暮沢剛巳・江藤光紀（2014）『大阪万博が演出した未来――前衛芸術の想像力とその時代』青弓社
今野勉（1967）「テレビ的思想とは何か」『映画評論』一九六七年三月号
今野勉（1976）『今野勉のテレビズム宣言』フィルムアート社
今野勉（2009）『テレビの青春』ＮＴＴ出版
今野勉（2014）「流通するイメージとメディアの中の風景」（インタビュー）『ディスカバー、ディスカバー・ジャパン「遠く」へ行きたい』東京ステーションギャラリー
邦光史郎（1970）『幻想の祭典――日本万国博』講談社
陸曄（2015）「映像都市：巨大スクリーンと都市の視覚的経験――二〇一〇年上海万博を事例に」『5: Designing Media Ecology』四号
丸之内リサーチセンター編（1968）『日本万国博事典』丸之内リサーチセンター
松井茂（2015）「流通するイメージとメディアの中の風景」『ＡＭＣジャーナル――芸術情報センター活動報告書』一号
村木良彦（1968）「テレビジョンは異端を必要としている」『三田新聞』一九六八年五月一日・八日号
村木良彦・深井守（1970）『反戦＋テレビジョン――〈わたし〉のカオス・〈わたし〉の拠点』田畑書店
永井純一（2016）『ロックフェスの社会学――個人化社会における祝祭をめぐって』ミネルヴァ書房

長崎励朗（2013）『「つながり」の戦後文化誌――労音、そして宝塚、万博』河出書房新社
岡田朋之（2006）「映像パビリオン進化論」加藤晴明・岡田朋之・小川明子編『私の愛した地球博』リベルタ出版
坂口英伸（2015）『モニュメントの20世紀――タイムカプセルが伝える〈記録〉と〈記憶〉』吉川弘文館
椹木野衣（2005）『戦争と万博』美術出版社
タイム・カプセルEXPO'70記録小委員会編（1975）『TIME CAPSULE EXPO'70記録書』松下電器産業
和田勉（2004）『テレビ自叙伝――さらばわが愛』岩波書店
吉見俊哉（1992→2010）『博覧会の政治学――まなざしの近代』講談社学術文庫

執筆者紹介（＊は編著者）

飯田　豊（いいだ　ゆたか）*はじめに、第一章、終章

1979年生まれ。東京大学大学院学際情報学府博士課程単位取得退学。

現在、立命館大学産業社会学部准教授。

主著　『テレビが見世物だったころ——初期テレビジョンの考古学』（青弓社、2016年）

立石祥子（たていし　しょうこ）*はじめに、第一章、第二章

1985年生まれ。名古屋大学大学院国際言語文化研究科博士課程修了、博士（学術）。

現在、立命館大学プロジェクト研究員。

主著　「日本型パブリック・ビューイング文化の成立—— 2002年サッカーW杯におけるオーディエンス経験から」『情報文化学会誌』21巻2号（2014年）

永井純一（ながい　じゅんいち）第三章

1977年生まれ。関西大学大学院社会学研究科博士課程修了、博士（社会学）。

現在、関西国際大学現代社会学部准教授。

主著　『ロックフェスの社会学——個人化社会における祝祭をめぐって』（ミネルヴァ書房、2016年）

加藤裕康（かとう　ひろやす）第四章

1972年生まれ。東京経済大学大学院コミュニケーション学研究科博士課程修了、博士（コミュニケーション学）。

現在、関東学院大学非常勤講師。

主著　『ゲームセンター文化論——メディア社会のコミュニケーション』（新泉社、2011年）

程　遥（てい　はるか）第五章

1988年生まれ。名古屋大学大学院国際言語文化研究科修士課程修了。

現在、深圳大学メディア学部助理教授。

主著「ファンによる受容空間の開拓——字幕組アニメ受容がもたらしたもの」『社藝堂』4号（2017年）

阿部　純（あべ　じゅん）第六章

1982年生まれ。東京大学大学院学際情報学府博士課程単位取得退学。

現在、広島経済大学メディアビジネス学部准教授。

主著　「〈不滅〉の墳墓はいかにして可能か——戦前日本における共同墓の構想」『情報学研究（東京大学大学院情報学環紀要）』79巻（2010年）

人名索引

事項索引

タ 行

ナ 行

ハ 行

マ　行

ヤ　行

ラ　行

ワ　行

アルファベット

現代メディア・イベント論
パブリック・ビューイングからゲーム実況まで

2017年9月10日　第1版第1刷発行
2021年1月20日　第1版第2刷発行

編著者　飯《いい》田《だ》　豊《ゆたか》
　　　　立《たて》石《いし》祥《しょう》子《こ》

発行者　井村寿人

発行所　株式会社　勁《けい》草《そう》書房

112-0005　東京都文京区水道2-1-1　振替　00150-2-175253
（編集）電話　03-3815-5277／FAX 03-3814-6968
（営業）電話　03-3814-6861／FAX 03-3814-6854
平文社・松岳社

ISBN978-4-326-65410-9　Printed in Japan

川崎賢一
浅野智彦
〈若者〉の溶解
四六判 三二〇〇円

柴田 崇
マクルーハンとメディア論
四六判 二七〇〇円

轡田竜蔵
地元暮らしの幸福と若者
四六判 三六〇〇円

浅野智彦 編
検証・若者の変貌 失われた10年の後に
四六判 二四〇〇円

宮台真司
辻 泉
岡井崇之 編
「男らしさ」の快楽 ポピュラー文化からみたその実態
四六判 二八〇〇円

牧野智和
自己啓発の時代 「自己」の文化社会学的探究
四六判 二九〇〇円

牧野智和
日常に侵入する自己啓発 生き方・手帳術・片づけ
四六判 二九〇〇円

米澤 泉
女子のチカラ
四六判 二四〇〇円

*表示価格は二〇二一年一月現在。消費税は含まれておりません。